일본어
쉽게 말하기

허인순 • 박성태 • 아오모리 쓰요시 **공저**

어문학사

머리말

정보화 시대에 이르러 외국어 학습은 필수라고 해도 과언이 아닐 만큼 그 중요성이 날로 커지고 있습니다. 특히, 일본은 우리나라와 지리적으로 가까운 나라로서 예로부터 지금까지 우리나라와 많은 문화를 상호 교류해 왔으며, 이 같은 역사적 배경에 따라 일본어는 우리 생활 속에 쉽게 자리 잡을 수 있었습니다. 더불어 만화나 애니메이션 등 일본의 대중문화가 자연스럽게 국내로 침투하면서, 일본어는 더더욱 우리에게 낯설지 않은 언어가 되었습니다.

이 책은 일본어를 처음으로 접하는 국내 학습자를 위해 만들어진 교재입니다. 따라서 어려운 문장이 아닌 일상생활에서 자주 쓰는 말들로 본문을 구성하여 학습자가 자연스럽게 회화를 익힐 수 있도록 하였습니다. 특히, 현지에서 사용하는 살아 있는 일본어 예문을 수록함으로써, 문법 사항을 전면에 내세우지 않으면서도 문형 학습을 통해 자연스럽게 기초 문법을 터득하도록 한 것은 본 교재의 큰 특징입니다. 또한, 정중한 표현과 함께 일반적인 반말 투의 일본어도 회화문에 실어 일본어 표현의 다양한 측면이 살아나도록 구성했습니다.

각 단원은 [1]중요문형, [2]본문, [3]요점, [4]연습문제, [5]쉬어가기로 구성되어 있습니다. 먼저, 단원 도입 시 [1]중요문형을 제시하여 학습자로 하여금 각 단원의 학습 포인트를 숙지하도록 하였습니다. 이어 [2]본문에서는 회화문을 보며 주요 문형의 쓰임을 구체적으로 학습할수 있도록 하였습니다. 그리고 [3]요점정리를 통해 주요 내용을 복습하도록 하며, 필요한 경우 본문 내용의 문법적인 사항이나 표현을 보충 설명하였습니다. 배운 내용은 [4]연습문제를 통해 확인할 수 있습니다. 또한 본 교재는 MP3 파일을 제공하여 단순히 보고 쓰는 연습문제에서 벗어나 문제를 푸는 학습자가 원어민의 발음 및 회화문을 듣고 올바른 발음 및 운율 등을 익힐 수 있도록 하였습니다. 끝으로 각 단원의 마지막 부분에 수록된 [5]쉬어가기에서는 일본어 및 일본문화 등을 소개하여 학습자가 일본어에 대한 흥미를 잃지 않도록 구성하였습니다.

본 교재와 함께 열의를 가지고 꾸준히 학습한다면, 일본어의 매력에 흠뻑 빠져드는 것은 물론이요, 머지않아 일본어를 정복할 수 있을 것입니다.

끝으로 교재를 만드는 데 도움을 주신 어문학사 여러분께 감사드립니다.

2011년 6월
저자일동

目次 차례

발음 ········· 8

교실에서 사용하는 말 ········· 30

1 山下さんも大学生ですか ········· 32

2 お茶でもどうぞ ········· 42

3 その後の予定は ········· 52

4 やわらかくておいしいですね ········· 62

5 バイトは毎日あるんですか ········· 76

6 家庭的でまじめな人です ········· 88

7 新鮮でおいしかったです ········· 104

8 田中先生のお宅でしょうか ········· 116

9 食後に飲んでください ········· 128

10 公園に行ってジョギングをしたりします ········· 140

11 来て良かったでしょう ········· 152

12 この本だけ借りられますか ········· 164

부록 ········· 175

- 본문회화 해석 ········· 176
- 연습문제 해답 ········· 179
- 연습문제(MP3) 듣기 내용 ········· 188

	단원	요점(중요표현)
1	山下さんも大学生ですか	～です　～ですか　～ではありません　「は」の用法 「も」の用法　「の」の用法　どうぞ　指示語　疑問詞
2	お茶でもどうぞ	ある/いる　「が」の用法　どうも すみません/すいません
3	その後の予定は	～ます　時間　～に行く　「に」の用法　「を」の用法 「疑問詞 ＋ も」の用法
4	やわらかくておいしいですね	イ形容詞　「～ね」「～よ」の用法　～じゃないです 何ですか　色
5	バイトは毎日あるんですか	～んです　～から～まで　～でした　「場所+で」の用法 時を表す言葉
6	家庭的でまじめな人です	中止形「で」　それに　ええっと　「と」の用法　～より ～の方　ナ形容詞　数詞　よく使う言葉
7	新鮮でおいしかったです	「へ」の用法　～に乗る　～から　いくら　～ほど 大きい数　形容詞の過去形　動詞の過去形
8	田中先生のお宅でしょうか	敬語　～になる　～けど　では/じゃあ
9	食後に飲んでください	動詞の否定形「～ない」　～てみる　～てください　～て(い)る ～ておく　あまり/あんまり
10	公園に行ってジョギングをしたりします	～ながら　～たり　～が好きだ/～が嫌いだ/ ～が上手だ/～が下手だ　～てから　～たい/～たがる
11	来て良かったでしょう	～でしょう　～てもいい　～かどうか　～てくる　～って ～てはいけない　～だけ
12	この本だけ借りられますか	可能表現　～ので　ほしい　～のみ　～こと

山下恵 야마시타 메구미 (女, 23歳)

会社員 회사원

朴ミンス 박민수 (男, 22歳)

韓国の留学生　東南大学の2年生

한국 유학생 도난대학 2학년

木村由香 키무라 유카 (女, 21歳)

東南大学の4年生

도난대학 4학년

金永一 김영일 (男, 25歳)

日本の会社の会社員

일본 회사의 회사원

青木拓也 아오키 타쿠야 (男, 18歳)

東南大学の1年生

도난대학 1학년

林恵英 임혜영(女, 19歳)

韓国の留学生　東南大学の1年生

한국유학생 도난대학 1학년

田中幸子 타나카 사치코(女, 52歳)

東南大学の田中先生の奥さん

도난대학 다나카 선생님 부인

医者 의사 (男, 55歳)

図書館の職員 도서관 직원 (男, 43歳)

発音 발음

일본어의 가나와 한자

일본민족의 언어이며, 일본의 국어이다. 어휘나 문자는 중국어의 영향을 받았으며 계통은 한국어·몽고어 등과 함께 우랄알타이어족에 속한다. 일본어의 특징은 개음절, 교착어, 술어가 문장의 끝 부분에 오며, 경어 사용 등을 들을 수 있다. 어순은 비교적 자유스럽다. 어휘는 和語(고유 일본어), 漢語, 外国語, 3종으로 나뉘며, 문장에는 漢語, 히라가나, 가타카나, 로마자 등으로 표기한다.

1. 히라가나 (ひらがな)

히라가나는 헤이안(平安)시대에 漢字의 초서체로부터 만들어진 음절문자이다. 주로 여성이 사용했기 때문에 「女手」라고도 불리었다.

2. 가타카나 (カタカナ)

가타카나는 헤이안(平安)시대에 한자의 일부를 취해서 만들어졌으며. 당시에는 스님들이 불경을 들을 때 그 발음을 표기하기 위해 사용되었다. 주로 외래어 표기에 쓰이며 외국의 인명·지명, 의성어·의태어, 전보문 등에 사용된다.

3. 한자 (漢字)

일본어에서는 한자를 원래의 뜻으로 읽는 훈독(訓読み)과 음으로 읽는 음독(音読み)이 있다. 또 일본 고유의 한자로 국자(国字/和語)가 있다.

1) 훈독(訓読み) → 車(くるま)차, 国(くに)나라
2) 음독(音読み) → 電車(でんしゃ)전차, 韓国(かんこく)한국
3) 화어(和語) → 働(はたら)く 일하다, 峠(とうげ)산마루

01 ひらがな・カタカナ 히라가나・가타카나

「きょう、ビートルズのＣＤを2,000円(にせんえん)で買(か)いました。」

이 문장과 같이, 일본어는 보통 히라가나·가타카나, 그리고 한자로 구성되어 있다. 또한, 기호는 쉼표「、」와 마침표「。」가 사용된다. 외래어나 의성어는 가타카나로, 조사는 히라가나로 표기하지만, 그 외는 히라가나와 한자로 표기한다.

ひらがな 히라가나

	あ행	か행	さ행	た행	な행	は행	ま행	や행	ら행	わ행	
あ단	あ	か	さ	た	な	は	ま	や	ら	わ	ん
い단	い	き	し	ち	に	ひ	み		り		
う단	う	く	す	つ	ぬ	ふ	む	ゆ	る		
え단	え	け	せ	て	ね	へ	め		れ		
お단	お	こ	そ	と	の	ほ	も	よ	ろ	を	

カタカナ 가타카나

	ア행	カ행	サ행	タ행	ナ행	ハ행	マ행	ヤ행	ラ행	ワ행	
ア단	ア	カ	サ	タ	ナ	ハ	マ	ヤ	ラ	ワ	ン
イ단	イ	キ	シ	チ	ニ	ヒ	ミ		リ		
ウ단	ウ	ク	ス	ツ	ヌ	フ	ム	ユ	ル		
エ단	エ	ケ	セ	テ	ネ	ヘ	メ		レ		
オ단	オ	コ	ソ	ト	ノ	ホ	モ	ヨ	ロ	ヲ	

濁音(だくおん) 탁음

	が행	ざ행	だ행	ば행
あ단	が	ざ	だ	ば
い단	ぎ	じ	ぢ	び
う단	ぐ	ず	づ	ぶ
え단	げ	ぜ	で	べ
お단	ご	ぞ	ど	ぼ

半濁音(はんだくおん) 반탁음

	ぱ행
あ단	ぱ
い단	ぴ
う단	ぷ
え단	ぺ
お단	ぽ

拗音 요음

きゃ	しゃ	ちゃ	にゃ	ひゃ	みゃ	りゃ	ぎゃ	じゃ	ぢゃ	びゃ	ぴゃ
きゅ	しゅ	ちゅ	にゅ	ひゅ	みゅ	りゅ	ぎゅ	じゅ	ぢゅ	びゅ	ぴゅ
きょ	しょ	ちょ	にょ	ひょ	みょ	りょ	ぎょ	じょ	ぢょ	びょ	ぴょ

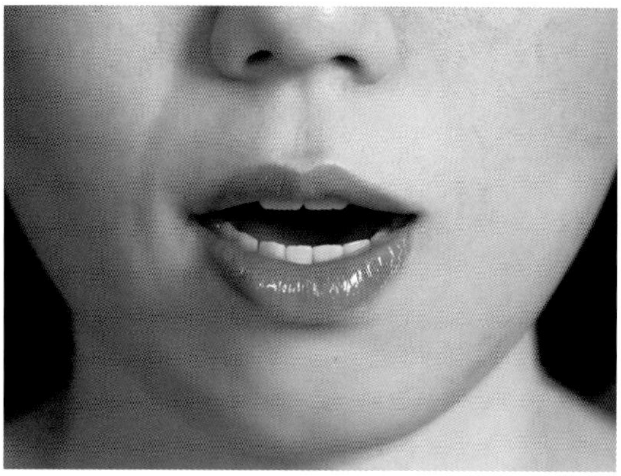

あ[a]

한국어 「아」와 유사한 음으로 입술을 자연스럽고 평평하게 하여 발음한다.

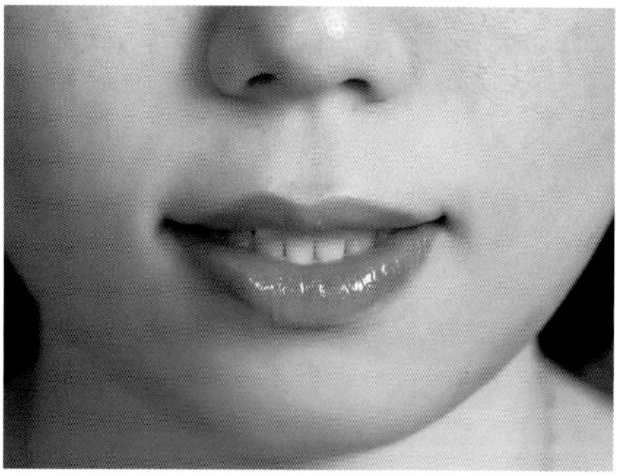

い[i]

한국어 「이」와 유사한 음이다.

う[ɯ]

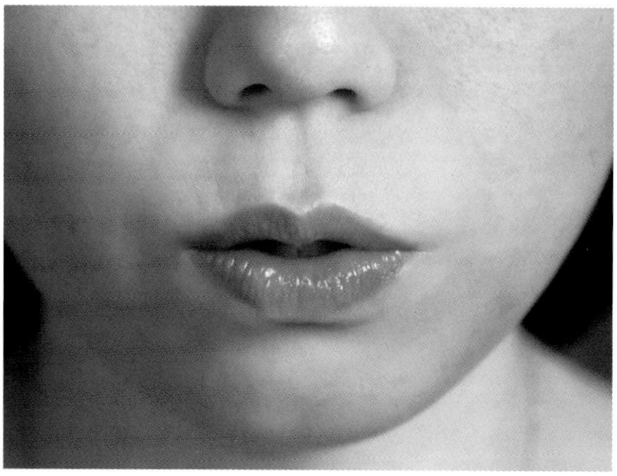

한국어 「으」와 「우」의 중간 음으로 주의를 요하는 발음이다. 발음하는 방법은 「으」를 발음한 상태에서 두 입술을 안쪽으로 약간 모아 「우」로 발음한다. 이때 두 입술을 앞으로 내밀지 않도록 주의한다.

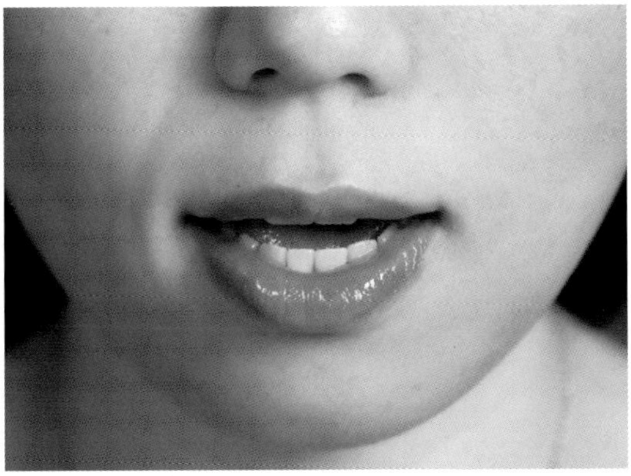

え[e]

한국어 「에」와 유사한 음이다. 입술 모양은 평평하게 한다.

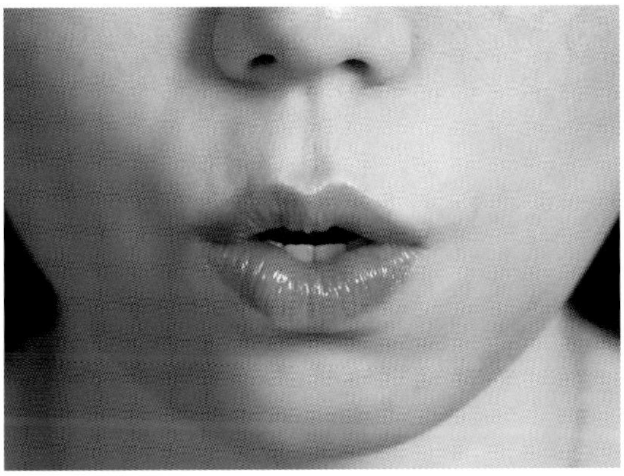

お[o]

우리말의 「오」와 거의 비슷한 음이지만, 입술을 앞으로 둥글게 내밀어 발음하지 않는다.

02 清音(せいおん) 청음

오십음도에서 「ん」을 제외한 모든 음을 말한다.

あ/ア行

あ	い	う	え	お
ア	イ	ウ	エ	オ
[a]	[i]	[ɯ]	[e]	[o]

あめ 비

いえ 집

うみ 바다

えき 역

おに 도깨비

か/カ行

か	き	く	け	こ
カ	キ	ク	ケ	コ
[ka]	[ki]	[kɯ]	[ke]	[ko]

かさ 우산

き 나무

くつ 신발

ケーキ 케이크

こうえん 공원

さ/サ行

さ	し	す	せ	そ
サ	シ	ス	セ	ソ
[sa]	[ʃi]	[sɯ]	[se]	[so]

さくら 벚꽃

しお 소금

すし 초밥

セーター 스웨터

そら 하늘

た/タ行

た	ち	つ	て	と
タ	チ	ツ	テ	ト
[ta]	[tʃi]	[tsɯ]	[te]	[to]

タクシー 택시

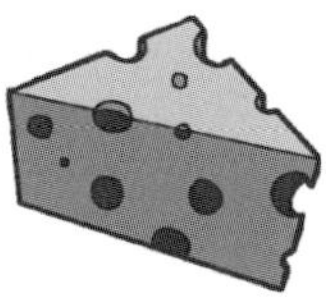

チーズ 치즈

つき 달

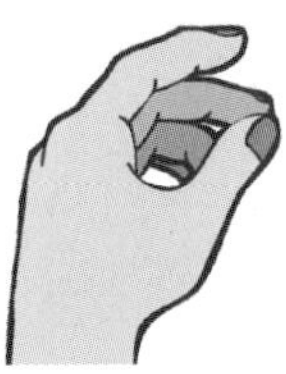

て 손

とけい 시계

な/ナ行

な	に	ぬ	ね	の
ナ	ニ	ヌ	ネ	ノ
[na]	[ɲi]	[nɯ]	[ne]	[no]

なみだ 눈물

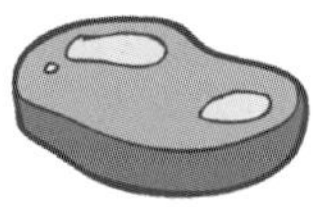
にく 고기

いぬ 개

ねこ 고양이

ノート 노트

は/ハ行

は	ひ	ふ	へ	ほ
ハ	ヒ	フ	ヘ	ホ
[ha]	[çi]	[ɸɯ]	[he]	[ho]

はな 꽃

ひこうき 비행기

ふね 배

へや 방

ホテル 호텔

ま/マ行

ま	み	む	め	も
マ	ミ	ム	メ	モ
[ma]	[mi]	[mɯ]	[me]	[mo]

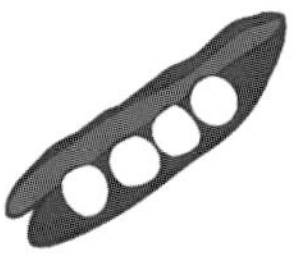

まめ 콩

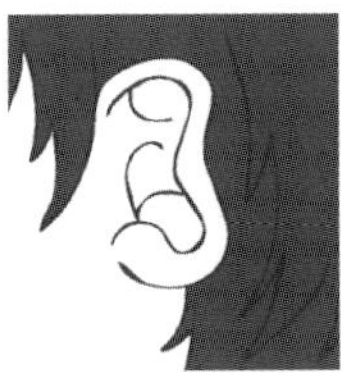

みみ 귀

むし 벌레

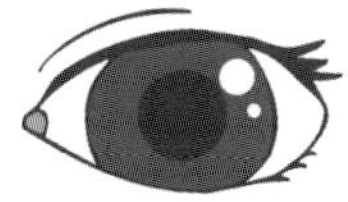

め 눈

もも 복숭아

や/ヤ行

や	ゆ	よ
ヤ	ユ	ヨ
[ja]	[jɯ]	[jo]

やま 산

ゆき 눈

よる 밤

ら/ラ行

ら	り	る	れ	ろ
ラ	リ	ル	レ	ロ
[ra]	[ri]	[rɯ]	[re]	[ro]

ラジオ 라디오

りんご 사과

ルビー 루비

レモン 레몬

ロボット 로봇

わ/ワ行 ん/ン

わ	を	ん
ワ	ヲ	ン
[wa]	[o]	[m][n][ŋ][N]

わたし 나

水(みず)を飲(の)む 물을 마시다

かんこく 한국

03 濁音(だくおん) 탁음

탁음은 か행, さ행, た행, は행의 오른쪽 위에 탁점 「゛」을 찍은 が행, ざ행, だ행, ば행의 음을 말한다. 일본어에서는 청·탁음으로 인해 뜻이 달라지는 경우가 많으므로 청음과 탁음을 잘 구별해서 정확하게 발음해야 한다.

が/ガ行

が	ぎ	ぐ	げ	ご
ガ	ギ	グ	ゲ	ゴ
[ga]	[gi]	[gɯ]	[ge]	[go]

がくせい 학생

ぎんこう 은행

かぐ 가구

ゲーム 게임

ゴリラ 고릴라

ざ/ザ行

ざ	じ	ず	ぜ	ぞ
ザ	ジ	ズ	ゼ	ゾ
[dza]	[dʒi]	[dzɯ]	[dze]	[dzo]

ざっし 잡지

ジーンズ 청바지

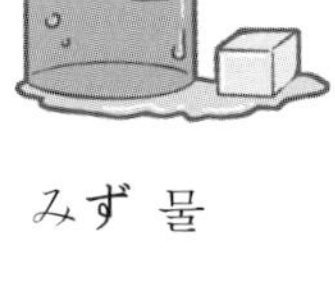

みず 물

ゼロ 숫자0

ぞう 코끼리

だ/ダ行

だ	ぢ	づ	で	ど
ダ	ヂ	ヅ	デ	ド
[da]	[dʒi]	[dzɯ]	[de]	[do]

ダンス 댄스

はなぢ 코피

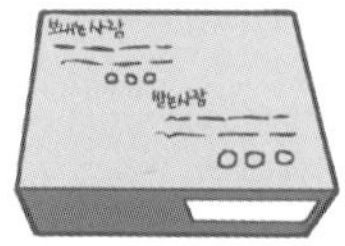
こづつみ 소포

でんわ 전화

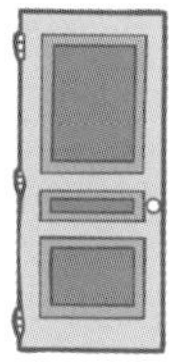
ドア 문

ば/バ行

ば	び	ぶ	べ	ぼ
バ	ビ	ブ	ベ	ボ
[ba]	[bi]	[bɯ]	[be]	[bo]

バラ 장미

ビール 맥주

ぶた 돼지

ベンチ 벤치

ぼうし 모자

04 半濁音(はんだくおん) 반탁음

반탁음은 は행에 반탁점 「°」을 찍은 ぱ행을 말한다. 한국어 「ㅍ」에 가깝게 발음하며, 어중에서는 「ㅃ」에 가깝게 발음한다. ぷ[pɯ]는 입술을 앞으로 둥글게 내밀지 않도록 한다.

ぱ/パ行

ぱ	ぴ	ぷ	ぺ	ぽ
パ	ピ	プ	ペ	ポ
[pa]	[pi]	[pɯ]	[pe]	[po]

パン 빵

ピアノ 피아노

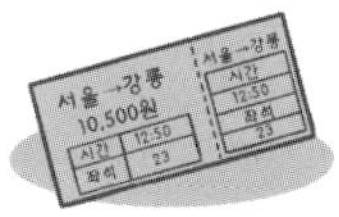

きっぷ(切符) 표

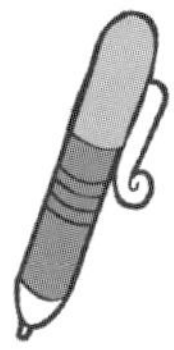

ペン 펜

さんぽ(散歩) 산책

05 拗音(ようおん) 요음

「い단」(き, し, ち, に, ひ, み, り, ぎ, じ, ぢ, び, ぴ)의 오른쪽 아래에 작은 글자로 「ゃ」「ゅ」「ょ」를 붙여서 きゃ, きゅ, きょ 등과 같이 쓰고, 1박으로 발음한다. 「い단」의 발음 준비를 한 상태에서 혀를 앞쪽으로 약간 이동시키면서 바로 뒤의 음을 동시에 발음한다.

き/キ ぎ/ギ

きゃ	きゅ	きょ	ぎゃ	ぎゅ	ぎょ
キャ	キュ	キョ	ギャ	ギュ	ギョ
[kja]	[kjɯ]	[kjo]	[gja]	[gjɯ]	[gjo]

キャンプ 캠프　　やきゅう(野球) 야구　　ギョーザ(餃子) 교자(중국식 만두)

し/シ じ/ジ

しゃ	しゅ	しょ	じゃ	じゅ	じょ
シャ	シュ	ショ	ジャ	ジュ	ジョ
[ʃa]	[ʃɯ]	[ʃo]	[dʒa]	[dʒɯ]	[dʒo]

しゃしん(写真) 사진　　ジュース 쥬스　　じしょ(辞書) 사전

ち/チ ぢ/ヂ

ちゃ	ちゅ	ちょ	ぢゃ	ぢゅ	ぢょ
チャ	チュ	チョ	ヂャ	ヂュ	ヂョ
[tʃa]	[tʃɯ]	[tʃo]	[dʒa]	[dʒɯ]	[dʒo]

ちゃわん(茶碗) 밥그릇　　チューインガム 추잉검　　チョコレート 초콜릿

に/ニ

にゃ	にゅ	にょ
ニャ	ニュ	ニョ
[ɲa]	[ɲɯ]	[ɲo]

こんにゃく 곤약　　にゅうがく(入学) 입학　　にょうぼう(女房) 아내

ひ/ヒ び/ビ ぴ/ピ

ひゃ	ひゅ	ひょ	びゃ	びゅ	びょ	ぴゃ	ぴゅ	ぴょ
ヒャ	ヒュ	ヒョ	ビャ	ビュ	ビョ	ピャ	ピュ	ピョ
[ça]	[çɯ]	[ço]	[bja]	[bjɯ]	[bjo]	[pja]	[pjɯ]	[pjo]

ひゃくえん(百円) 100엔　　コンピュータ 컴퓨터　　びょういん(病院) 병원

み/ミ

みゃ	みゅ	みょ
ミャ	ミュ	ミョ
[mja]	[mjɯ]	[mjo]

みゃく(脈) 맥　　ミュージカル 뮤지컬　　みょうじ(名字) 성(姓)

り/リ

りゃ	りゅ	りょ
リャ	リュ	リョ
[rja]	[rjɯ]	[rjo]

りゃくず(略図) 약도　　りゅうがく(留学) 유학　　りょこう(旅行) 여행

06 促音(そくおん) 촉음

성문이 막히면서 나오는 소리이며 히라가나 「つ」또는 가타카나 「ツ」를 작게 쓴다. 발음은 뒤에 오는 음에 따라 달라지며 1박자의 길이를 갖는다. つまる音(おと)이라고도 한다.

っ+か行

いっかい(1階) 1층 ik - kai

がっこう(学校) 학교 gak - kou

っ+さ行

きっさてん(喫茶店) 카페 kis - saten

ざっし(雑誌) 잡지 zas - shi

っ+た行

きって(切手) 우표 kit - te

おっと(夫) 남편 ot - to

っ+ぱ行

きっぷ(切符) 표 kip - pu

しっぽ(尻尾) 꼬리 ship - po

07 撥音(はつおん) 발음

「ん/ン」으로 표기하고, 코에서 음을 통과시켜 발음한다. 뒤에 오는 음에 의해 발음이 달라진다.

ん [ㅁ] ＋ば·ぱ·ま행

さんぽ(散歩) 산책

うんめい(運命) 운명

ん [ㄴ] ＋ざ·た·だ·な·ら행

せんたく(洗濯) 세탁

おんな(女) 여자

れんらく(連絡) 연락

ん [ㅇ] ＋あ·か·が·さ·は·や·わ행

및, 단어의 끝에「ん」이 오는 경우.

れんあい(恋愛) 연애

りんご 사과

にほん(日本) 일본

でんわ(電話) 전화

08 長音(ちょうおん) 장음

같은 단의 모음이 연속해서 오는 경우, 길게 늘여 발음한다. 가타카나의 경우는「ー」로 표기한다.

あ단의 히라가나＋あ→aa　　おかあさん okaasan (어머니)

おばさん obasan (아줌마) － おばあさん obaasan (할머니)

い단의 히라가나＋い→ii　　おにいさん oniisan (형/오빠)

おじさん ojisan (아저씨) － おじいさん ojiisan (할아버지)

う단의 히라가나＋う→uu　　すうがく suugaku (수학)

くうき kuuki (공기)

え단의 히라가나＋え→ee　　おねえさん oneesan (누나/언니)

え단의 히라가나＋い→ei　　えいが eiga (영화)

お단의 히라가나＋お→oo　　おおさか oosaka (오사카)

お단의 히라가나＋う→ou　　おとうさん otousan (아버지)

09 あいさつの表現(ひょうげん) 인사 표현

おはようございます。(おはよう。) 안녕하세요. 〈아침 인사〉

こんにちは。 안녕하세요. 〈낮 인사〉

こんばんは。 안녕하세요. 〈저녁·밤 인사〉

さようなら。 안녕히 가세요. / 안녕히 계세요.

バイバイ。 바이바이.

では、また。 그럼 또(만나. / 봅시다.)

じゃあね。 안녕.

おやすみなさい。 안녕히 주무세요.

おやすみ。 잘 자.

いただきます。 잘 먹겠습니다.

ごちそうさまでした。 잘 먹었습니다.

おめでとうございます。 축하합니다.

ありがとうございます。 감사합니다. / 고맙습니다.

どうも、ありがとうございます。(ありがとう。) 대단히 감사합니다. (고마워.)

いいえ、どういたしまして。 아니요, 천만에요.

はじまして。おあいできてうれしいです。

처음 뵙겠습니다. 만나서 반갑습니다.

どうぞ、よろしくおねがいいたします。

아무쪼록, 잘 부탁드립니다.

ごめんなさい。 미안합니다.

すみません。 죄송합니다(고맙습니다).

いいえ、どういたしまして。 아니요, 천만에요.

すみません。 실례합니다.

しつれいします。 실례합니다(실례하겠습니다).

教室(きょうしつ)で使(つか)う言葉(ことば) 교실에서 사용하는 말

01 教師(きょうし)が使(つか)う言葉(ことば) 교사가 사용하는 말

では、始(はじ)めましょう。그럼, 시작합시다.

出席(しゅっせき)をとります。출석을 부르겠습니다.

読(よ)んでください。읽어주십시오.

読(よ)みましょう。읽읍시다.

書(か)きましょう。씁시다.

聞(き)いてください。들어주십시오.

聞(き)きましょう。들읍시다.

言(い)ってください。말해주십시오.

言(い)いましょう。말합시다.

見(み)てください。보십시오.

見(み)ましょう。봅시다.

練習(れんしゅう)してください。연습해 주십시오.

練習(れんしゅう)しましょう。연습합시다.

やってください。해주십시오.

やりましょう。합시다.

テキストの○ページを開(あ)けてください。

교재 ○쪽을 펴주십시오.

テキストの○ページを開(あ)けましょう。

교재 ○쪽을 폅시다.

テキストを閉(と)じてください。

교재를 덮어주십시오.

テキストを閉(と)じましょう。교재를 덮읍시다.

静(しず)かにしてください。조용히 해주십시오.

静(しず)かにしましょう。조용히 합시다.

○○さん、どうぞ。○○ 씨 하십시오.

答(こた)えてください。대답해 주십시오.

もう1度(いちど)読(よ)んでください。

다시 한 번 읽어주세요.

もう1度(いちど)言(い)ってください。

다시 한 번 말해주십시오.

もっと大(おお)きな声(こえ)で読(よ)んでください。

더 큰 소리로 읽어주십시오.

もう少(すこ)し大(おお)きな声(こえ)で読(よ)んでください。

좀 더 큰 소리로 읽어주십시오.

もっと大(おお)きな声(こえ)で言(い)ってください。

더 큰 소리로 말해주십시오.

もう少(すこ)し大(おお)きな声(こえ)で言(い)ってください。

좀 더 큰 소리로 말해주십시오.

よくできました。잘했습니다.

はい、そうです。네, 맞습니다.

どうですか。어떻습니까?

わかりますか。알겠습니까?

わかりましたか。이해했습니까?

質問(しつもん)はありますか。질문은 있습니까?

○2 学生が使う言葉 학생이 사용하는 말

もう1度言ってください。

다시 한 번 말해주십시오.

もっとゆっくり言ってください。

더 천천히 말해주십시오.

もう少しゆっくり言ってください。

좀 더 천천히 말해주십시오.

これは何と読みますか。

이것은 어떻게 읽습니까?

この漢字は何と読みますか。

이 한자는 어떻게 읽습니까?

これはどういう意味ですか。

이것은 어떤 의미입니까?

書いてください。써주십시오.

わかりました。알았습니다.

○○がわかりません。○○를 모르겠습니다.

質問があります。질문이 있습니다.

質問はありません。질문은 없습니다.

いいえ、ありません。아니요, 없습니다.

すみません、トイレに行って来てもいいですか。

죄송합니다. 화장실에 갔다 와도 좋습니까?

1 山下(やました)さんも大学生(だいがくせい)ですか

[重要文型(じゅうようぶんけい)]

- 私(わたし)は韓国人(かんこくじん)です。 저는 한국인입니다.
- 山下(やました)さんも大学生(だいがくせい)ですか。 야마시타 씨도 대학생입니까?
- 山下(やました)さんは先生(せんせい)ではありません。 야마시타 씨는 선생님이 아닙니다.

会話(かいわ)

話(はな)しましょう

山下(やました)　はじめまして。山下(やました)です。

朴(パク)　はじめまして。朴(パク)ミンスです。

山下(やました)　どうぞよろしく。

朴(パク)　こちらこそよろしく。

山下(やました)　朴(パク)さんは大学生(だいがくせい)ですか。

朴(パク)　はい、大学(だいがく)の２年生(にねんせい)です。
山下(やました)さんも大学生(だいがくせい)ですか。

山下(やました)　いいえ、大学生(だいがくせい)ではありません。
会社員(かいしゃいん)です。

山下(やました) 야마시타	**はじめまして** 처음 뵙겠습니다	**～です** ~입니다
朴(パク) 박	**ミンス** 민수	**どうぞ** 부디
よろしく 잘	**こちら** 이쪽	**こそ** 이야말로
～さん ~씨	**は** 는(은)	**大学生(だいがくせい)** 대학생
～ですか ~입니까	**はい** 예	**大学(だいがく)** 대학
の 의	**2年生(にねんせい)** 2학년	**も** 도
いいえ 아니요	**～ではありません** ~이/가 아닙니다	**会社員(かいしゃいん)** 회사원

要点(ようてん)

まとめましょう

1. ～です ~입니다

① 山下(やました)さんは日本人(にほんじん)です。 야마시타 씨는 일본인입니다.

② 金(キム)さんは韓国人(かんこくじん)です。 김 씨는 한국인입니다.

③ これは本(ほん)です。 이것은 책입니다.

2. ～ですか ~입니까

① A : これは日本語(にほんご)の本(ほん)ですか、中国語(ちゅうごくご)の本(ほん)ですか。

이것은 일본어 책입니까, 중국어 책입니까?

B : それは中国語(ちゅうごくご)の本(ほん)です。 그것은 중국어 책입니다.

② A : これも金(キム)さんのノートですか。 이것도 김 씨의 노트입니까?

B : いいえ、それは朴(パク)さんのノートです。 아니요, 그것은 박 씨의 노트입니다.

③ A : このペンも吉田(よしだ)さんのですか。 이 펜도 요시다 씨 것입니까?

B : はい、そうです。 예, 그렇습니다.

3. ～ではありません ~이/가 아닙니다

① この車(くるま)は私(わたし)のではありません。 이 차는 나의 것이 아닙니다.

② 中村(なかむら)さんは先生(せんせい)ではありません。 나카무라 씨는 선생님이 아닙니다.

③ これは韓国語(かんこくご)の辞書(じしょ)ではありません。 이것은 한국어 사전이 아닙니다.

日本人(にほんじん) 일본인	**金**(キム) 김	**韓国人**(かんこくじん) 한국인	**これ** 이것
本(ほん) 책	**日本語**(にほんご) 일본어	**それ** 그것	**中国語**(ちゅうごくご) 중국어
ノート 노트	**この** 이	**ペン** 펜	**吉田**(よしだ) 요시다
そう 그래	**車**(くるま) 차(자동차)	**私**(わたし) 나	**中村**(なかむら) 나카무라
先生(せんせい) 선생(님)	**韓国語**(かんこくご) 한국어	**辞書**(じしょ) 사전	

4.「は」の用法(ようほう) 「は(는/은)」의 용법

「は」가 조사로 쓰일 때는 [wa]로 발음한다.

① 吉田(よしだ)さんは医者(いしゃ)です。 요시다 씨는 의사입니다.

② 李(イ)さんは3年生(さんねんせい)です。 이 씨는 3학년입니다.

③ あの人(ひと)は会社員(かいしゃいん)です。 저 사람은 회사원입니다.

5.「も」の用法(ようほう) 「も(도)」의 용법

① 呉(オ)さんも1年生(いちねんせい)です。 오 씨도 1학년입니다.

② 私(わたし)も先生(せんせい)ではありません。 저도 선생님이 아닙니다.

6.「の」の用法(ようほう) 「の(의)」의 용법

(1) 명사와 명사 사이의「の」

私(わたし)の兄(あに)は東京(とうきょう)の大学(だいがく)の学生(がくせい)です。 나의 형은 도쿄에 있는 대학교 학생입니다.

(2) 소유격의「の」

その雑誌(ざっし)は朴(パク)さんのです。 그 잡지는 박 씨 것입니다.

(3) 동격의「の」

こちらは友達(ともだち)の金(キム)さんです。 이쪽은 친구 김 씨입니다.

医者(いしゃ) 의사	李(イ) 이	3年生(さんねんせい) 3학년	あの 저
人(ひと) 사람	呉(オ) 오	1年生(いちねんせい) 1학년	その 그
雑誌(ざっし) 잡지	兄(あに) 형	東京(とうきょう) 도쿄	学生(がくせい) 학생
友達(ともだち) 친구			

7. どうぞ

8. 指示語(しじご) 지시어

	近称(きんしょう) 근칭	中称(ちゅうしょう) 중칭	遠称(えんしょう) 원칭	不定称(ふていしょう) 부정칭
사물	これ 이것	それ 그것	あれ 저것	どれ 어느 것
연체사	この 이	その 그	あの 저	どの 어느
장소	ここ 여기	そこ 거기	あそこ 저기	どこ 어디
방향	こちら こっち 이쪽	そちら そっち 그쪽	あちら あっち 저쪽	どちら どっち 어느 쪽
양태	こんな 이런	そんな 그런	あんな 저런	どんな 어떤
방법	こう 이렇게	そう 그렇게	ああ 저렇게	どう 어떻게

9. 疑問詞(ぎもんし) 의문사

いつ 언제	誰(だれ) 누구	何(なに) 무엇	何時(なんじ) 몇 시
なぜ 왜	いくつ 몇 개	いくら 얼마	どのくらい 어느 정도
どれくらい 얼마나	どうして 왜		

練習　　やりましょう

1. 例にならって文を作りましょう。 보기와 같이 문장을 만듭시다.

예 金さん / 4年生 → 金さんは4年生です。

(1) 林さん / 中国人　→ ______________________

(2) 李さん / 崔さんの友達　→ ______________________

(3) 山下さんのお母さん / 教師 → ______________________

2. 次の表を見て話しましょう。 다음 표를 보고 말해봅시다.

中村さん	日本人	医者
金さん	韓国人	先生
林さん	中国人	学生

예 中村さん / 学生

→ A: 中村さんも学生ですか。

B: いいえ、学生ではありません。医者です。

(1) 金さん / 学生

→ A: ______________________

B: ______________________

(2) 林さん / 韓国人

→ A: ______________________

B: ______________________

4年生 4학년　林 임　中国人 중국인　崔 최
お母さん 어머니　教師 교사

3. 例(れい)にならって話(はな)しましょう。 보기와 같이 말해봅시다.

예 A : 金(キム)さん—大学生(だいがくせい) / B : 木村(きむら)さん—銀行員(ぎんこういん)

→A : 木村(きむら)さんは銀行員(ぎんこういん)ですか。

B : はい、そうです。金(キム)さんは。

A : 私(わたし)は大学生(だいがくせい)です。

(1) A : 崔(チェ)さん—先生(せんせい) / B : 山下(やました)さん—3年生(さんねんせい)

(2) A : 金(キム)さん—韓国人(かんこくじん) / B : 林(イム)さん—中国人(ちゅうごくじん)

4. 空欄(くうらん)に適語(てきご)を入(い)れて話(はな)しましょう。 빈칸에 적당한 말을 넣어 말해봅시다.

(1) はじめまして、(　　　)です。

(　　　)大学(だいがく)の(　　　)年生(ねんせい)です。どうぞよろしく。

(2) A : こちらは私(わたし)の友達(ともだち)の(　　　)さんです。

B : はじめまして、(　　　)です。韓国人(かんこくじん)です。

C : (　　　)さんですか。(　　　)です。どうぞよろしく。

木村(きむら) 기무라　　銀行員(ぎんこういん) 은행원

聞きましょう

それぞれ、誰/どんな物でしょうか。下の中から選んで答えなさい。
각각 누구/어떤 물건입니까? 아래에서 골라 답하시오.

(1) ペン　(　　　　　　　　)

(2) ノート　(　　　　　　　　)

(3) 本　(　　　　　　　　)

(4) 車　(　　　　　　　　)

(5) 辞書　(　　　　　　　　)

山下さん	中村さん	崔さん	金さん
李さん	朴さん	日本語	韓国語

メモ

語彙　覚えましょう

職業 직업

公務員
공무원

アナウンサー
아나운서

警察官
경찰관

サラリーマン
샐러리맨

高校生
고등학생

中学生
중학생

小学生
초등학생

쉬어가기

挨拶の由来 인사의 유래

일본어를 처음 접하면서 배우는 인사말은 아침인사로 「おはよう(ございます)」, 낮 인사는 「こんにちは」, 그리고 밤 인사「こんばんは」를 들 수 있다. 우리나라 인사말이 시간과 관계없이 '안녕하세요'로 일관하는 것과는 사뭇 다르다. 이들 인사말의 유래를 알아보기로 하자.

「おはよう(ございます)」

아침인사「おはよう(ございます)」는 '아침 일찍 일어나셨군요' '일찍 출근하셨네요'라는 의미로, '이르다(早い)'에서 나왔다. 분석하면, 「お(접두사)+早い(빠르다)+ございます」이다.

일반적으로는 아침에 쓰이는 것이 원칙이지만, 연예인이나, 밤에 일하는 직업을 갖고 있는 사람들은 오후에도 「おはよう(ございます)」라는 인사말을 하기도 한다.

「こんにちは」

일본어 특징 중의 하나는 직접표현보다는 간접표현을, 전부를 이야기하기보다는 일부분을 이야기해서 상대방이 화자의 마음을 이해해 주기를 바라는 경우가 많다.

낮 인사말 「今日は」의 뜻은 '오늘은'이라는 의미이다. '오늘은(어떠세요?)'라는 의미를 내포한 의미의 인사말이라고 볼 수 있다.

「こんばんは」

밤 인사 「今晩は」도 낮 인사말과 마찬가지로, '오늘밤은(어떠세요?)'라는 의미이다. 이에 대한 답변으로는 「今晩は」라고 말하면 된다.

2 お茶でもどうぞ

[重要文型]

- 机の上に金さんの辞書があります。
  책상 위에 김 씨의 사전이 있습니다.
- 学校の近くに映画館はありませんか。
  학교 근처에 영화관은 없습니까?
- こちらが山本さんです。 이쪽이 야마모토 씨입니다.
- どうもありがとうございました。 매우 감사합니다.

会話(かいわ)

話(はな)しましょう

金(キム)	こんにちは。
木村(きむら)	あ、こんにちは。さあ、どうぞ。
金(キム)	おじゃまします。
木村(きむら)	どうぞこちらへ。
金(キム)	はい、失礼(しつれい)します。
木村(きむら)	まあ、お茶(ちゃ)でもどうぞ。
	〈テーブルの上(うえ)にお茶菓子(ちゃがし)がある〉
金(キム)	あ、どうもすみません。いただきます。

こんにちは 안녕하세요	あ 아	さあ 자	おじゃま 방해
する 하다	へ 에	失礼(しつれい) 실례	まあ 자/우선
お茶(ちゃ) 오차	でも 하지만	テーブル 테이블	上(うえ) 위
お茶菓子(ちゃがし) 차에 곁들이는 과자	が 이/가	ある 있다	どうも 대단히
すみません 미안합니다	いただく 받다의 겸양어		

要点（ようてん）

まとめましょう

1. ある / いる 있다

ある (무생물)	いる (생물)
あります 있습니다	います 있습니다
ありますか 있습니까	いますか 있습니까
ありません 없습니다	いません 없습니다
ありませんか 없습니까	いませんか 없습니까
ありました 있었습니다	いました 있었습니다

(1) ～に～があります / います ~에 ~이/가 있습니다.

① 机の上に金さんの辞書があります。 책상 위에 김 씨의 사전이 있습니다.

② 外に猫がいます。 밖에 고양이가 있습니다.

(2) ～に～はありますか / いますか ~에 ~는/은 있습니까?

① その部屋にエアコンはありますか。 그 방에 에어컨은 있습니까?

② 教室の中に山田さんはいますか。 교실 안에 야마다 씨는 있습니까?

(3) ～に～はありません / いません ~에 ~는/은 없습니다.

① 学校の近くに映画館はありません。학교 근처에 영화관은 없습니다.

② 部屋の中に犬はいません。방 안에 개는 없습니다.

いる 있다　**机**（つくえ） 책상　**外**（そと） 밖　**猫**（ねこ） 고양이
部屋（へや） 방　**エアコン** 에어컨　**教室**（きょうしつ） 교실　**中**（なか） 안/가운데
山田（やまだ） 야마다　**学校**（がっこう） 학교　**近く**（ちか） 근처　**映画館**（えいがかん） 영화관
犬（いぬ） 개

(4) その他(ほか) 기타

① トイレはあそこにあります。 화장실은 저기에 있습니다.

② 授業(じゅぎょう)はありません。 수업은 없습니다.

③ 吉田(よしだ)さんは図書館(としょかん)の前(まえ)にいました。요시다 씨는 도서관 앞에 있었습니다.

④ 犬(いぬ)はどこにいますか。개는 어디에 있습니까?

2.「が」の用法(ようほう) 「が(이/가)」의 용법

① こちらが山本(やまもと)さんです。이쪽이 야마모토 씨입니다.

② お金(かね)がありません。돈이 없습니다.

③ 学校(がっこう)の近(ちか)くにコンビニがあります。학교 근처에 편의점이 있습니다.

3. どうも 정말, 대단히 (감사, 사과 등을 표시하는 인사말을 강조)

① どうもありがとうございます。매우 감사합니다.

② あ、どうも。 아,(인사말 대신에 쓰임)안녕(하세요).

③ どうもすみません。 정말 미안합니다.

トイレ 화장실	**授業**(じゅぎょう) 수업	**図書館**(としょかん) 도서관
前(まえ) 앞	**山本**(やまもと) 야마모토	**お金**(かね) 돈
コンビニ 편의점	**ありがとう** 고맙다	**ございます** 있습니다(あるの 겸양어)

4. すみません / すいません

謝(あやま)る 사과할 때

お礼(れい)を言(い)う 감사의 말을 할 때

呼(よ)びかける 부를 때

すいません 미안합니다

練習　やりましょう

1. 以下は、あいさつの表現です。それぞれ、どのように言いますか。

이하는 인사표현입니다. 각각 어떻게 말해야 합니까?

(1) ＜食べる前に 먹기 전에＞ いただきます。
＜食べた後に 먹은 후에＞ ________________

(2) A : おはようございます。
B : ________________

(3) A : こんにちは。
B : ________________

(4) A : こんばんは。
B : ________________

(5) A : おやすみなさい。
B : ________________

2. 次のあいさつ表現に対する答えとして、適切なものを線で結びなさい。

다음 인사표현에 대한 답으로 알맞은 것을 선으로 연결하세요.

(1) ありがとうございます。 ・		・ いってらっしゃい。
(2) いってきます。 ・		・ おかえり。
(3) さようなら。 ・		・ じゃあ、また。
(4) ただいま。 ・		・ どういたしまして。

いただきます 잘 먹겠습니다
おはよう 잘 잤니(동년배나 손아랫사람에 대한 아침인사)
おやすみなさい 안녕히 주무십시오
さようなら 안녕히 계십시오(안녕)
おかえり 어서 오세요(외출에서 돌아오는 사람을 맞이하는 인사)
どういたしまして 천만에요
ごちそうさま 잘 먹었습니다
こんばんは 안녕하십니까?(저녁, 밤의 인사말)
おやすみ 잘자요(잘자)
ただいま 다녀왔습니다
じゃあ 그럼
ごちそうさまでした 잘 먹었습니다
いってきます 다녀오겠습니다
いってらっしゃい 잘 다녀오세요
また 또

3. 正しいものを選んで、文を完成させなさい。알맞은 것을 골라 문장을 완성하세요.

(1) [どうぞ / どうも] すみません。

(2) これ、[どうぞ / どうも]。

(3) [どうぞ / どうも] よろしく。

(4) [どうぞ / どうも] ありがとう。

メモ

聞きましょう

次の会話はそれぞれ、どの場面ですか。다음 회화는 각각 어느 장면입니까?

(1) (　　　　　)

(2) (　　　　　)

(3) (　　　　　)

(4) (　　　　　)

(5) (　　　　　)

a

b

c

d

e

語彙(ごい)　　覚(おぼ)えましょう

飲(の)み物(もの) 음료

コーヒー
커피

紅茶(こうちゃ)
홍차

麦茶(むぎちゃ)
보리차

オレンジジュース
오렌지쥬스

コーラ
콜라

ビール
맥주

ウイスキー
위스키

焼酎(しょうちゅう)
소주

日本酒(にほんしゅ)
일본술

果物(くだもの) 과일

りんご
사과

梨(なし)
배

いちご
딸기

バナナ
바나나

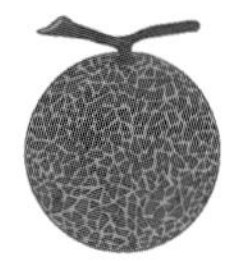
メロン
멜론

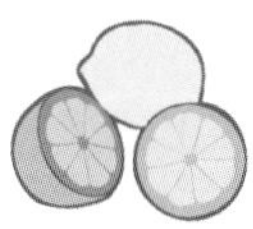
レモン
레몬

桃(もも)
복숭아

ぶどう
포도

パイナップル
파인애플

みかん
귤

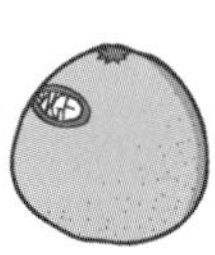
オレンジ
오렌지

すいか
수박

柿(かき)
감

쉬 어 가 기

招き猫 마네키네코

음식점이나 일품 요릿집 등에서 한쪽 손을 들고 있는 고양이 장식품을 흔히 볼 수 있다. 이 고양이는 마네키네코라고 부르며 마네키네코는 돈에 관한 운세나 손님을 불러들여 사업을 번창하게 한다고 일본인들은 생각하고 있다.

이 마네키네코의 유래에 대해서는 여러 가지 설이 있으며, 널리 알려진 것은 호덕사豪徳寺(도쿄도 세다가야구)에 얽힌 일화이다.

어느 날 히코네彦根영주인 이이 나오타카井伊直孝는 매사냥을 하고 집으로 돌아가던 중이었다. 호덕사의 문앞을 지날 때 하얀 고양이 한 마리가 나타나 오른손을 들며 자꾸만 절 안으로 들어오도록 손짓해서 나오타카는 홀린 것처럼 경내에 말을 탄 채로 들어간 직후, 심한 천둥과 함께 절 문 앞에 벼락이 떨어졌다고 한다.

가까스로 재난을 피할 수 있었던 나오타카는 그 뒤 황폐해진 이 절에 막대한 금품을 기부하고 이이집안井伊家 조상들의 위패를 안치하고 명복을 비는 절로 정했다고 한다.

이때 오른손을 들어 나오타카를 불러들인 고양이의 무덤은, 현재 호덕사의 묘지 한 구석에 묘(고양이)관음으로서 공양되어 있다. 이런 연유로, 지금도 행운을 불러들이는 마네키네코 전설의 원조로서, 호덕사 문전에서는 여러 가지 하리코(골에 종이를 여러 겹 바르고, 마른 다음에 속의 골을 빼서 만든 종이 세공) 고양이가 팔리고 있다.

예로부터 고양이는 도깨비 고양이가 있을 정도로 신기한 마력을 가진 동물로 생각되었다. 중국 당나라로부터 일본에 고양이가 건너왔을 때, 「고양이가 얼굴과 귀를 씻으면 곧 손님이 온다」라는 말도 함께 전해졌다고 하며, 여기에 마네키네코 전설의 루트가 있는 것 같다.

일반적으로 오른손을 들고 있는 고양이는 돈에 관한 운세를, 왼손을 들고 있는 고양이는 손님을 불러들인다고 한다.

3 その後の予定は

[重要文型]

- 明日、学校に行きます。 내일 학교에 갑니다.
- 映画を見に行きませんか。 영화를 보러 가지 않겠습니까?
- お茶を飲みます。 차를 마십니다.
- 誰もいません。 아무도 없습니다.

会話(かいわ)

話(はな)しましょう

林(イム)　あ、もしもし、青木(あおき)さん、林(イム)です。

　　授業(じゅぎょう)、何時(なんじ)に終(お)わりますか。

青木(あおき)　4時(よじ)です。

林(イム)　その後(あと)の予定(よてい)は。

青木(あおき)　特(とく)に何(なに)もありません。

林(イム)　それじゃあ、今夜(こんや)、映画(えいが)を見(み)に行(い)きませんか。

青木(あおき)　ええ、いいですねえ。行(い)きましょう。

もしもし 여보세요	青木(あおき) 아오키	～に ~에	終(お)わる 끝나다
4時(よじ) 4시	後(あと) 후	予定(よてい) 예정	特(とく)に 특히
それじゃあ 그럼	今夜(こんや) 오늘밤	映画(えいが) 영화	を 을/를
見(み)る 보다	行(い)く 가다	～ませんか ~않겠습니까	ええ 예
いい 좋다	ねえ 군요	～ましょう ~합시다	

要点

まとめましょう

1. ～ます ～ㅂ니다

① 毎日勉強します。 매일 공부합니다.

② 今夜、電話します。 오늘밤 전화하겠습니다.

③ 明日行きます。 내일 가겠습니다.

2. 時間 시간

～時 ～시

0時	1時	2時	3時	4時	5時	6時
れいじ	いちじ	にじ	さんじ	よじ	ごじ	ろくじ
7時	8時	9時	10時	11時	12時	何時
しちじ	はちじ	くじ	じゅうじ	じゅういちじ	じゅうにじ	なんじ

～分 ～분

1分	2分	3分	4分	5分	6分
いっぷん	にふん	さんぷん	よんぷん	ごふん	ろっぷん
7分	8分	9分	10分	何分	
ななふん	はっぷん	きゅうふん	じゅっぷん じっぷん	なんぷん	

毎日 매일　勉強 공부　電話 전화　明日 내일

3. ～に行く ~하러 간다

① 買い物に行きます。 쇼핑하러 갑니다.

② 花見に行きます。 꽃놀이하러 갑니다.

③ 旅行に行きます。여행갑니다.

4. 「に」の用法 「に(에)」의 용법

① 6時に帰ります。 여섯 시에 돌아갑니다.

② 先生に会います。선생님을 만납니다.

③ 学校に行きます。학교에 (공부하러) 갑니다.

cf. 学校へ行きます。학교에 갑니다.

5. 「を」の用法 「を(을/를)」의 용법

① お茶を飲みます。차를 마십니다.

② ご飯を食べます。밥을 먹습니다.

③ 家を出ます。집을 나섭니다.

6. 「疑問詞＋も」の用法 「의문사 ＋も(도)」의 용법

① 誰もいません。 아무도 없습니다.

② どこにもありません。 어디에도 없습니다.

買い物 쇼핑	花見 꽃놀이	旅行 여행	帰る 돌아가다
会う 만나다	飲む 마시다	ご飯 밥	食べる 먹다
家 집	出る 나오다		

練習　やりましょう

1. 次の時間をひらがなで書きましょう。 다음의 시간을 히라가나로 씁시다.

예 5:15

→ ごじじゅうごふんです。

(1) 9:43

→＿＿＿＿＿＿＿＿

(2) 7:30

→＿＿＿＿＿＿＿＿

(3) 12:08

→＿＿＿＿＿＿＿＿

(4) 5:36

→＿＿＿＿＿＿＿＿

(5) 11:47

→＿＿＿＿＿＿＿＿

(6) 3:03

→＿＿＿＿＿＿＿＿

2. 例にならって、文を作りましょう。 보기와 같이 문장을 만듭시다.

예 この近く / 映画館

→ この近くに映画館はありません。

(1) 私の家 / パソコン

→＿＿＿＿＿＿＿＿＿＿＿＿＿＿＿＿

(2) この教室 / ホワイトボード

→＿＿＿＿＿＿＿＿＿＿＿＿＿＿＿＿

(3) 図書館 / 中村さん

→＿＿＿＿＿＿＿＿＿＿＿＿＿＿＿＿

パソコン 컴퓨터　　**ホワイトボード** 화이트보드

3. 次(つぎ)のように言(い)いましょう。 다음과 같이 말해봅시다.

예 りんごを食(た)べる → りんごを食(た)べません。

(1) 映画(えいが)を見(み)る → ______________________

(2) 眼鏡(めがね)を買(か)う → ______________________

(3) 家(いえ)に帰(かえ)る → ______________________

4. 例(れい)のように話(はな)しましょう。 보기와 같이 말해봅시다.

예 今晩(こんばん) / 飲(の)む

→ A : 今晩(こんばん)、飲(の)みに行(い)きませんか。

B : ええ、行(い)きましょう。

(1) 今日(きょう)の午後(ごご) / 遊(あそ)ぶ

→ A : ______________________

B : ______________________

(2) 今夜(こんや) / ビールを飲(の)む

→ A : ______________________

B : ______________________

(3) 明日(あした)の夜(よる) / 映画(えいが)を見(み)る

→ A : ______________________

B : ______________________

眼鏡(めがね) 안경　買(か)う 사다　今晩(こんばん) 오늘밤　今日(きょう) 오늘
午後(ごご) 오후　遊(あそ)ぶ 놀다　夜(よる) 밤

5. 下の表を完成させましょう。아래 표를 완성해봅시다.

行く	行きます	行きますか	行きません	行きませんか	行きましょう
		終わりますか			
				見ませんか	
	食べます				
出る					
			会いません		
					帰りましょう

メモ

聞きましょう

次の空欄に数字を書き入れましょう。 다음 빈칸에 숫자를 써 넣읍시다.

(1) (　　　　) 時 (　　　　) 分です。

(2) (　　　　) 時に帰ります。

(3) (　　　　) 時に学校に行きます。

(4) (　　　　) 時 (　　　　) 分前です。

メモ

語彙(ごい) 覚(おぼ)えましょう

教室(きょうしつ)にある物(もの) 교실에 있는 물건

椅子(いす) 의자	黒板(こくばん) 칠판	時計(とけい) 시계	窓(まど) 창문
ドア 문	鉛筆(えんぴつ) 연필	ボールペン 볼펜	シャーペン 샤프펜슬
消(け)しゴム 지우개	筆箱(ふでばこ) 필통	携帯電話(けいたいでんわ) 핸드폰	

쉬어가기

漫画(まんが) 만화

일본에서는 만화 보는 사람을 자주 볼 수 있다. 연령 이나 성별에 관계없이 많은 사람이 만화를 읽고 있다. 정장 차림의 샐러리맨이 전철 안에서 만화를 보는 경우도 있다. 이런 일은 한국에서는 거의 찾아볼 수 없다. 혹시 읽는다고 하면 집 밖이 아니고 실내에서 읽을 정도이다. 만화를 보는 어른은 주위 사람들로부터 어린이 취급을 받는다. 읽는 사람 자신도 부끄럽게 생각한다. 또 한국에서는 만화를 빌려서 보는 경우가 많지만 일본에서는 서점이나 편의점 등에서 만화를 사서 보는 경우가 많다.

일본에서는 만화뿐만 아니라 애니메이션도 어른이 즐길 수 있는 것이라는 인식이 있다. 어린이 대상뿐만 아니라 각 연령층에 맞춰서 애니메이션이 제작되고 각각 적절한 시간대에 방영된다. 또 애니메이션이 인기를 얻음에 따라서 캐릭터 상품도 팔리고 성우나 주제가까지 유행한다. 한편, 한국에서는 만화나 애니메이션은 어린이가 보는 것이라는 인식이 강하다. 그 때문에 어린이 대상의 만화나 애니메이션을 보고, 관련 상품, 성우, 주제가의 인기도 없는 편이다.

4 やわらかくておいしいですね

[重要文型(じゅうようぶんけい)]

- この部屋(へや)は広(ひろ)い。이 방은 넓다.
- 今日(きょう)はいい天気(てんき)ですね。오늘은 좋은 날씨이군요.
- それじゃないですよ。그것이 아니에요.
- あれは何(なん)ですか。저것은 무엇입니까?

会話(かいわ)

話(はな)しましょう

金(キム)　これ、すき焼(や)きですか。

山下(やました)　いいえ、すき焼(や)きじゃないです。

しゃぶしゃぶですよ。

金(キム)　肉(にく)がやわらかくておいしいですね。

これは何(なん)ですか。

山下(やました)　もみじおろしです。辛(から)いですよ。

＜もみじおろしをたくさん入(い)れる＞

山下(やました)　辛(から)くないですか。

金(キム)　そんなに辛(から)くないです。大丈夫(だいじょうぶ)です。

すき焼(や)き 스키야키	~じゃない 그렇지 않다	しゃぶしゃぶ 샤부샤부
~よ ~요	肉(にく) 고기	やわらかい 부드럽다
~て ~고	おいしい 맛있다	~ね ~네/용
何(なん) 무엇	もみじおろし 무와 고추를 함께 강판에 간 것	辛(から)い 맵다
たくさん 많이	入(い)れる 넣다	そんなに 그렇게
大丈夫(だいじょうぶ) 괜찮다		

要点

まとめましょう

1. イ形容詞　イ형용사

	肯定形　긍정형	否定形　부정형
普通体　보통체	明るい	明るくない
丁寧体　정중체	明るいです	明るくないです 明るくありません
連体形　연체형	明るい部屋	明るくない部屋

① この部屋は広い。→ この部屋は広くない。

　이 방은 넓다.　　　　이 방은 넓지 않다.

② そのテストは難しいです。→ そのテストは難しくないです。

　그 시험은 어렵습니다.　　　　そのテストは難しくありません。

　　　　　　　　　　　　　　　그 시험은 어렵지 않습니다.

③ それは面白い映画です。→ それは面白くない映画です。

　그것은 재미있는 영화입니다.　　그것은 재미없는 영화입니다.

明るい 밝다　　広い 넓다　　テスト 시험　　難しい 어렵다
面白い 재미있다

2.「～ね」「～よ」の用法(ようほう)　「~ね」「~よ」의 용법

① A：今日(きょう)はいい天気(てんき)ですね。 오늘은 좋은 날씨이군요.

B：そうですね。 그렇군요.

② A：これは朴(パク)さんの車(くるま)です。 이것은 박 씨의 차입니다.

B：かっこいいですね。 멋있네요.

③ A：明日(あした)は雨(あめ)ですよ。 내일은 비가 온다고 하네요.

B：ああ、そうですか。 아, 그렇습니까?

④ A：あの女(おんな)の人(ひと)は誰(だれ)ですか。 저 여자는 누구입니까?

B：私(わたし)の学校(がっこう)の先生(せんせい)ですよ。 우리 학교 선생님이에요.

3. ～じゃないです　~이(가) 아닙니다

① これじゃないです。 이것이 아닙니다.

② あの黒(くろ)いかばんは私(わたし)のじゃないです。 저 검은 가방은 내 것이 아닙니다.

③ アリサさんはイギリス人(じん)じゃないです。 아리사 씨는 영국 사람이 아닙니다.

4. 何(なん)ですか　무엇입니까

① これは何(なん)ですか。이것은 무엇입니까?

② あの灰色(はいいろ)の建物(たてもの)は何(なん)ですか。저 회색 건물은 무엇입니까?

③ 机(つくえ)の上(うえ)の白(しろ)い物(もの)は何(なん)ですか。책상 위의 하얀 물건은 무엇입니까?

天気(てんき) 날씨	かっこいい 멋있다	雨(あめ) 비	女(おんな)の人(ひと) 여자
黒(くろ)い 검다	かばん 가방	アリサ 아리사	イギリス人(じん) 영국인
灰色(はいいろ) 회색	建物(たてもの) 건물	白(しろ)い 하얗다, 하얀	物(もの) 물건

5. 色(いろ) 색

	青(あお) 파랑	赤(あか) 빨강	白(しろ) 흰	黒(くろ) 검정	黄色(きいろ) 노랑	茶色(ちゃいろ) 갈색	緑色(みどりいろ) 녹색	灰色(はいいろ) 회색
~い	○	○	○	○	○	○	×	×
~の	○	○	○	○	○	○	○	○

メモ

練習 　やりましょう

1. 例にならって言いましょう。 보기와 같이 말해봅시다.

예 これ / 熱い / お茶

→ これは熱いお茶です。

(1) あれ / 面白い / 映画

→ ______________________

(2) これ / 広い / 部屋

→ ______________________

(3) それ / 冷たい / ビール

→ ______________________

2. 上の1で作った文を書き換えましょう。

위의 1에서 만든 문장을 보기와 같이 바꿔 써 봅시다.

예 これは熱いお茶です。

→ このお茶は熱いです。

(1) ______________________

(2) ______________________

(3) ______________________

熱い 뜨겁다　　冷たい 차갑다

3. 前の2で作った文を書き換えましょう。

앞의 2에서 만든 문장을 보기와 같이 바꿔 써 봅시다.

예 このお茶は熱いです。

→ このお茶は熱くありません。

(1) ____________________

(2) ____________________

(3) ____________________

4. 例にならって、文を作りましょう。 보기와 같이 문장을 만듭시다.

예 この教室 / 広い / 明るい

→ この教室は広くて明るいです。

(1) あのパンは / 安い / おいしい

→ ____________________

(2) その犬 / 小さい / かわいい

→ ____________________

(3) 明日 / 天気が悪い / 寒い

→ ____________________

パン 빵	安い 싸다	小さい 작다	かわいい 귀엽다
悪い 나쁘다	寒い 춥다		

5. 次(つぎ)の表(ひょう)を完成(かんせい)させましょう。 다음 표를 완성해봅시다.

辛(から)い	辛(から)いです	辛(から)くないです	辛(から)くて
			小(ちい)さくて
	低(ひく)いです		
楽(たの)しい			
		強(つよ)くないです	
			軽(かる)くて

低(ひく)い 낮다　楽(たの)しい 즐겁다　強(つよ)い 강하다　軽(かる)い 가볍다

聞きましょう

正しい方を選んで○をつけなさい。 바른 것을 골라 ○를 하세요.

(1) a b

(2) a b

(3) a b

(4) a b

語彙(ごい) 覚(おぼ)えましょう

食(た)べ物(もの) 음식물

ラーメン
라면

うどん
우동

そば
소바

焼(や)きそば
야키소바

お好(この)み焼(や)き
오코노미야키

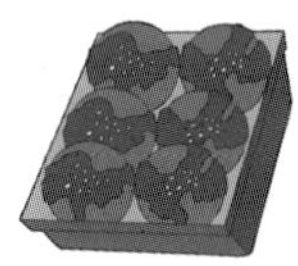

たこ焼(や)き
다코야키

味噌汁(みそしる)
된장국

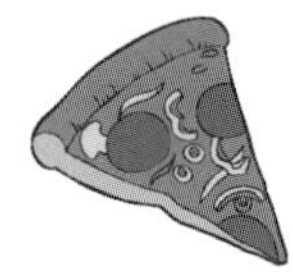

ピザ
피자

すし
초밥

おでん
오뎅

焼(や)き鳥(とり)
닭꼬치

おにぎり
주먹밥

焼(や)き肉(にく)
불고기

刺(さ)し身(み)
회

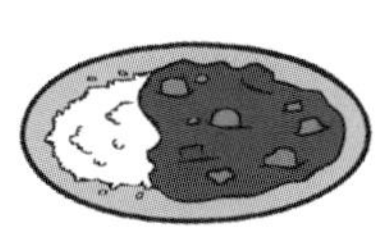

カレー
카레

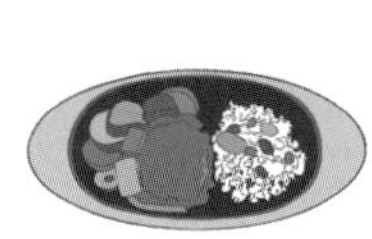

ハンバーグ
햄버그

イ形容詞(けいようし) イ형용사

まずい
맛없다

甘(あま)い
달다

しょっぱい
짜다

狭(せま)い
좁다

若(わか)い
젊다

新(あたら)しい
새롭다

古(ふる)い
오래되다

遠(とお)い
멀다

近(ちか)い
가깝다

高(たか)い
높다

重(おも)い
무겁다

長(なが)い
길다

短(みじか)い
짧다

早(はや)い
이르다

遅(おそ)い
늦다

易(やさ)しい
쉽다

多(おお)い
많다

少(すく)ない
적다

痛(いた)い
아프다

苦(にが)い
쓰다

弱(よわ)い
약하다

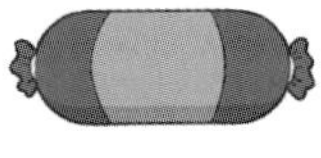

太(ふと)い
굵다

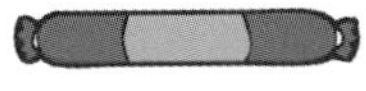

細(ほそ)い
가늘다

쉬어가기

四季の歌 사계의 노래

作詞·作曲　荒木とよひさ

작사·작곡　아라키 토요히사

春を愛する人は 心清き人
すみれの花のような ぼくの友だち
봄을 사랑하는 사람은 마음이 깨끗한 사람
제비꽃과 같은 나의 친구

夏を愛する人は 心強き人
岩をくだく波のような ぼくの父親
여름을 사랑하는 사람은 마음이 강한 사람
바위를 부수는 파도와 같은 나의 아버지

秋を愛する人は 心深き人
愛を語るハイネのような ぼくの恋人
가을을 사랑하는 사람은 마음이 깊은 사람
사랑을 읊는 하이네와 같은 나의 연인

冬を愛する人は 心広き人
根雪をとかす大地のような ぼくの母親
겨울을 사랑하는 사람은 마음이 넓은 사람
쌓인 눈을 녹이는 대지와 같은 나의 어머니

일본기행

#모미지만두

#식당의 외국인

#온천계란

#원폭돔

5 バイトは毎日(まいにち)あるんですか

[重要文型(じゅうようぶんけい)]

- それは違(ちが)うんですか。 그것은 다릅니까?
- 昨日(きのう)まで休(やす)みでした。 어제까지 쉬었습니다.
- 何時(なんじ)から図書館(としょかん)で勉強(べんきょう)しますか。 몇 시부터 도서관에서 공부합니까?

会話(かいわ)

話(はな)しましょう

木村(きむら)　この頃(ごろ)、忙(いそが)しいんですか。

朴(パク)　ええ、とても。昨日(きのう)も夜遅(よるおそ)くまでアルバイトがありました。

木村(きむら)　あの駅前(えきまえ)の韓国料理店(かんこくりょうりてん)でのバイトですか。

朴(パク)　はい、そうです。

木村(きむら)　バイトは毎日(まいにち)あるんですか。

朴(パク)　月曜日(げつようび)から土曜日(どようび)までで、日曜日(にちようび)はありません。

木村(きむら)　そうですか。それは大変(たいへん)ですね。

この頃(ごろ) 요즘	忙(いそが)しい 바쁘다	～んです ~입니다	とても 매우
昨日(きのう) 어제	遅(おそ)く 늦게	～まで ~까지	アルバイト 아르바이트
駅前(えきまえ) 역전	料理店(りょうりてん) 요리점	で 이고	バイト 알바
月曜日(げつようび) 월요일	～から ~부터	土曜日(どようび) 토요일	日曜日(にちようび) 일요일
大変(たいへん) 매우			

要点(ようてん)

まとめましょう

1. ～んです ~입니다

① これは違(ちが)うんですか。이것은 다릅니까?

② 今日(きょう)、学校(がっこう)に行(い)くんですか。오늘 학교에 갑니까?

③ これから何(なに)をするんですか。지금부터 무엇을 합니까?

2. ～から～まで ~부터 ~까지

① 7時半(しちじはん)から11時(じゅういちじ)までバイトがあります。

7시 반부터 11시까지 아르바이트가 있습니다.

② ここから学校(がっこう)までは遠(とお)いです。 여기서부터 학교까지는 멉니다.

③ 土曜日(どようび)から月曜日(げつようび)まで休(やす)みです。토요일부터 월요일까지 쉽니다.

3. ～でした ~였습니다

① バイトは何時(なんじ)まででしたか。아르바이트는 몇 시까지였습니까?

② 昨日(きのう)は雨(あめ)でした。어제는 비가 왔습니다.

③ どうでしたか。어땠습니까?

4.「場所(ばしょ)＋で」の用法(ようほう)「장소＋で(에서)」의 용법

① 図書館(としょかん)で勉強(べんきょう)します。도서관에서 공부합니다.

② スーパーで買(か)い物(もの)をします。슈퍼에서 쇼핑을 합니다.

③ 私(わたし)の家(いえ)でパーティーをします。우리 집에서 파티를 합니다.

違(ちが)う 다르다　**これから** 지금부터　**半(はん)** 반　**休(やす)み** 쉼
スーパー 슈퍼　**パーティー** 파티

5. 時(とき)を表(あらわ)す言葉(ことば) 시간을 나타내는 말

～年(ねん) 년

4年	7年	9年	何年
よねん	ななねん / しちねん	きゅうねん	なんねん

～月(がつ) 월

いちがつ 1月	にがつ 2月	さんがつ 3月	しがつ 4月	ごがつ 5月	ろくがつ 6月	しちがつ 7月
はちがつ 8月	くがつ 9月	じゅうがつ 10月	じゅういちがつ 11月	じゅうにがつ 12月	なんがつ 何月	

季節(きせつ) / 四季(しき) 계절 / 사계

春(はる) 봄	夏(なつ) 여름	秋(あき) 가을	冬(ふゆ) 겨울	春夏秋冬(しゅんかしゅうとう) 춘하추동

カレンダー 달력

3月(さんがつ)

日曜日(にちようび)	月曜日(げつようび)	火曜日(かようび)	水曜日(すいようび)	木曜日(もくようび)	金曜日(きんようび)	土曜日(どようび)
			ついたち 1日	ふつか 2日	みっか 3日	よっか 4日
いつか 5日	むいか 6日	なのか 7日	ようか 8日	ここのか 9日	とおか 10日	11日
12日	13日	じゅうよっか 14日	15日	16日	17日	18日
じゅうくにち 19日	はつか 20日	21日	22日	23日	にじゅうよっか 24日	25日
26日	27日	28日	にじゅうくにち 29日	30日	31日	なんにち 何日

一昨日(おととい)	昨日(きのう)	今日(きょう)	明日(あした)	明後日(あさって)	毎日(まいにち)
그제	어제	오늘	내일	모레	매일
先々週(せんせんしゅう)	先週(せんしゅう)	今週(こんしゅう)	来週(らいしゅう)	再来週(さらいしゅう)	毎週(まいしゅう)
전전주	저번주	이번주	다음주	다다음주	매주
先々月(せんせんげつ)	先月(せんげつ)	今月(こんげつ)	来月(らいげつ)	再来月(さらいげつ)	毎月(まいつき)
전전달	저번달	이번달	다음달	다다음달	매월(달)
一昨年(おととし)	昨年(さくねん)/去年(きょねん)	今年(ことし)	来年(らいねん)	再来年(さらいねん)	毎年(まいとし)
재작년	작년	올해	내년	내후년	매년

練習(れんしゅう) やりましょう

1. 例(れい)にならって、言(い)いましょう。 보기와 같이 문장을 말해봅시다.

예 お金(かね)がない
→ お金(かね)がないんですか。

(1) 具合(ぐあい)が悪(わる)い → ____________________

(2) 宿題(しゅくだい)がたくさんある → ____________________

(3) 家(いえ)に帰(かえ)る → ____________________

2. 次(つぎ)の表(ひょう)を見(み)て文(ぶん)を完成(かんせい)させなさい。 다음 표를 보고 문장을 완성시키시오.

	月(げつ)	火(か)	水(すい)	木(もく)	金(きん)
10:00~12:00	作文(さくぶん)	リスニング	語彙(ごい)	会話(かいわ)	文化(ぶんか)
12:00~1:00	昼休(ひるやす)み				
1:00~3:00	読解(どっかい)	文法(ぶんぽう)	歴史(れきし)	漢字(かんじ)	テスト

(1) 授業(じゅぎょう)は_____曜日(ようび)から_____曜日(ようび)までです。

(2) 昼休(ひるやす)みは_____時(じ)から_____時(じ)までです。

(3) テストは_____曜日(ようび)の_____時(じ)から_____時(じ)までです。

(4) 漢字(かんじ)の授業(じゅぎょう)は_____曜日(ようび)の_____時(じ)から_____時(じ)までです。

(5) 作文(さくぶん)の授業(じゅぎょう)は_____曜日(ようび)の_____時(じ)から_____時(じ)までです。

ない 없다
具合(ぐあい) 사정
宿題(しゅくだい) 숙제
作文(さくぶん) 작문
リスニング 듣기
語彙(ごい) 어휘
会話(かいわ) 회화
文化(ぶんか) 문화
昼休(ひるやす)み 점심 휴식
読解(どっかい) 독해
文法(ぶんぽう) 문법
歴史(れきし) 역사
漢字(かんじ) 한자

3. 例(れい)にならって、文(ぶん)を作(つく)りましょう。보기와 같이 문장을 만듭시다.

예 月曜日(げつようび) ～ 金曜日(きんようび) / 学校(がっこう)に行(い)く
→ 月曜日(げつようび)から金曜日(きんようび)まで学校(がっこう)に行(い)きます。

(1) 昼過(ひるす)ぎ ～ 夕方(ゆうがた) / 日本語(にほんご)の勉強(べんきょう)をする

→ ______________________________

(2) 東京(とうきょう) ～ 大阪(おおさか) / 新幹線(しんかんせん)で行(い)く

→ ______________________________

(3) 10(じゅっ)ページ ～ 50(ごじゅっ)ページ / 読(よ)む

→ ______________________________

4. 下(した)の選択肢(せんたくし)の中(なか)から最(もっと)も適切(てきせつ)な語(ご)を1つ選(えら)んで、空欄(くうらん)に書(か)きましょう。

아래 선택지에서 가장 알맞은 말을 하나 골라 빈곳에 씁시다.

(1) 平日(へいじつ)_____12時(じゅうにじ)_____寝(ね)ます。

(2) 家(いえ)_____ゲーム_____します。

(3) もうすぐ中村(なかむら)さん_____来(き)ます。

(4) これ_____あれ_____私(わたし)のです。

(5) 日本語(にほんご)_____テスト_____水曜日(すいようび)_____朝9時からです。

は	の	も	に	を	が	で

昼過(ひるす)ぎ 점심 지나서 | 夕方(ゆうがた) 저녁 | 大阪(おおさか) 오사카 | 新幹線(しんかんせん) 신칸센
ページ 페이지 | 読(よ)む 읽다 | 平日(へいじつ) 평일 | 寝(ね)る 자다
ゲーム 게임 | もうすぐ 곧 | 来(く)る 오다 | 朝(あさ) 아침

5. 次(つぎ)の質問(しつもん)に答(こた)えましょう。다음 질문에 대답합시다.

(1) 今日(きょう)は何月何日(なんがつなんにち)ですか。

→ ______________________________

(2) 今日(きょう)は何曜日(なんようび)ですか。

→ ______________________________

(3) 再来週(さらいしゅう)の木曜日(もくようび)は何月何日(なんがつなんにち)ですか。

→ ______________________________

(4) お母(かあ)さんの誕生日(たんじょうび)はいつですか。

→ ______________________________

(5) 来月(らいげつ)の5日(いつか)は何曜日(なんようび)ですか。

→ ______________________________

何曜日(なんようび) 무슨 요일 **誕生日**(たんじょうび) 생일

聞きましょう

正しい方を選んで、文を完成させましょう。 알맞은 것을 골라 문장을 완성시킵시다.

(1) テストは(今日 / 明日)からです。

(2) 吉田さんの部屋は(広くないです / 広いです)。

(3) 今日、バイトが(あります / ありません)。

(4) 今日の授業は(11 / 1)時までです。

(5) 明日、(買い物 / 花見)をします。

メモ

語彙(ごい)　　覚(おぼ)えましょう

場所(ばしょ) 장소

美術館(びじゅつかん) 미술관	駅(えき) 역	公園(こうえん) 공원	病院(びょういん) 병원
本屋(ほんや) 서점	交番(こうばん) 파출소	郵便局(ゆうびんきょく) 우체국	レストラン 레스토랑
薬局(やっきょく) 약국	空港(くうこう) 공항	居酒屋(いざかや) 선술집	

쉬어가기

1人で食事をする 혼자서 식사하기

쇠고기덮밥, 라면, 메밀국수, 햄버거 등을 파는 일본의 음식점이나 패스트푸드점 중에서는 카운터자리로 되어 있거나 한 사람씩 앉을 수 있도록 배치한 곳이 많다. 테이블이 있다고 해도 1~2인용의 작은 좌석이 있는 곳이 많다. 일본에서는 혼자서 외식하는 것이 그다지 진귀한 일이 아니지만, 한국에서는 그러한 일이 거의 없다. 오히려 별로 친하지 않은 사람들끼리라도 같이 식사할 정도로 혼자서 식사하는 것을 꺼리는 경향이 있다. 이러한 차이는 어디에서 생기는 것일까? 일본인은 별로 친하지 않은 사람과 식사를 할 바에야, 자유스럽게 그리고 편하게 혼자서 식사를 하고 싶어 하는 것일지도 모른다. 한국보다도 개인주의적인 경향이 강한 것은 아닐까? 한편, 한국에서는 식사하는 시간이 친구나 지인과 이야기하면서 즐기는 시간이다. 그 때문에 한국에서는 혼자서 식사를 하고, 쇼핑을 하고, 영화를 보러 간다고 하면 사회성이 없는 사람으로 받아들여지기 쉽다.

일본기행

#다나바타 마쓰리

#한국식당

#스시집

#에키벤

#교토역

6 家庭的でまじめな人です

[重要文型]

- 背が高くてきれいな人です。 키가 크고 예쁜 사람입니다.
- 韓国より中国の方が広いです。 한국보다 중국 쪽이 넓습니다.
- りんごとバナナ、それにええっと……メロンもあります。

  사과와 바나나, 게다가 음…… 멜론도 있습니다.

会話(かいわ)

話(はな)しましょう

青木(あおき)　林(イム)さんは何人家族(なんにんかぞく)ですか。

林(イム)　5人家族(ごにんかぞく)です。父(ちち)と母(はは)、それに兄(あに)が2人(ふたり)います。

ええっと……これが家族(かぞく)の写真(しゃしん)です。

青木(あおき)　ああ、お父(とう)さんは背(せ)が高(たか)いですね。

どんな人(ひと)ですか。

林(イム)　家庭的(かていてき)でまじめな人(ひと)です。

青木(あおき)　お母(かあ)さんはきれいですね。

林(イム)　母(はは)は料理(りょうり)が上手(じょうず)で優(やさ)しいです。

青木(あおき)　こちらが上(うえ)のお兄(にい)さんですか。

林(イム)　いいえ、それは下(した)の兄(あに)です。

上(うえ)の兄(あに)より下(した)の兄(あに)の方(ほう)が体(からだ)が大(おお)きいんです。

- **何人家族(なんにんかぞく)** 몇인 가족
- **5人家族(ごにんかぞく)** 5인 가족
- **父(ちち)** 아빠
- **と** 와/과
- **母(はは)** 엄마
- **それに** 게다가
- **2人(ふたり)** 2인
- **ええっと** 저어
- **家族(かぞく)** 가족
- **写真(しゃしん)** 사진
- **お父(とう)さん** 아버지
- **背(せ)** 등
- **家庭的(かていてき)だ** 가정적이다
- **まじめだ** 성실하다
- **きれいだ** 예쁘다/깨끗하다
- **料理(りょうり)** 요리
- **上手(じょうず)だ** 능숙하다
- **優(やさ)しい** 상냥하다
- **お兄(にい)さん** 형
- **下(した)** 아래
- **～より** ~보다
- **～の方(ほう)** ~쪽
- **体(からだ)** 몸
- **大(おお)きい** 크다

要点(ようてん)

まとめましょう

1. 中止形(ちゅうしけい)「で」 중지형「で」(~이며/이고)

① 飛行機(ひこうき)は便利(べんり)で快適(かいてき)です。 비행기는 편리하고 쾌적합니다.

② このプリンは滑(なめ)らかでおいしい。 이 푸딩은 매끈매끈하고 맛있다.

③ 山下(やました)さんはきれいで優(やさ)しいです。 야마시타 씨는 예쁘고 상냥합니다.

2. それに 게다가

① ぶどうにパイナップル、それに梨(なし)も食(た)べました。

포도에 파인애플, 게다가 배도 먹었습니다.

② 今日(きょう)は天気(てんき)がいい。それに休(やす)みだ。

오늘은 날씨가 좋다. 게다가 쉬는 날이다.

③ 私(わたし)の部屋(へや)は明(あか)るくて広(ひろ)いです。それに家賃(やちん)が安(やす)いです。

내 방은 밝고 넓습니다. 게다가 집세도 쌉니다.

3. ええっと 응……/저……

① A：家(いえ)から学校(がっこう)までどのくらいかかりますか。

집에서 학교까지 얼마나 걸립니까?

B：ええっと……30分(さんじゅっぷん)くらいです。 음…… 30분 정도입니다.

② A：いつ北海道(ほっかいどう)に行(い)くんですか。 언제 홋카이도에 갑니까?

B：ええっと……来週(らいしゅう)の金曜日(きんようび)です。 음……다음 주 금요일입니다.

飛行機(ひこうき) 비행기 | 便利(べんり)だ 편리하다 | 快適(かいてき)だ 쾌적하다 | プリン 푸딩
滑(なめ)らかだ 부드럽다 | 家賃(やちん) 집세 | かかる 걸리다 | くらい 정도
北海道(ほっかいどう) 홋카이도

4.「と」の用法(ようほう) 「と (와/과)」의 용법

① 中村(なかむら)さんと林(イム)さんは仲良(なかよ)しです。나카무라 씨와 임 씨는 사이가 좋습니다.

② かばんの中(なか)には教科書(きょうかしょ)とノートがあります。

가방 안에는 교과서와 노트가 있습니다.

③ 私(わたし)は桃(もも)とメロンが好(す)きです。나는 복숭아와 멜론을 좋아합니다.

5. ～より ～보다

① これより面白(おもしろ)い本(ほん)がありますか。 이것보다 재미있는 책이 있습니까?

② タクシーはバスより便利(べんり)です。택시는 버스보다 편리합니다.

③ 中国(ちゅうごく)は韓国(かんこく)より広(ひろ)いです。중국은 한국보다 넓습니다.

6. ～の方(ほう) ～쪽

① インドネシアより韓国(かんこく)の方(ほう)が寒(さむ)いです。인도네시아보다 한국 쪽이 춥습니다.

② りんごといちごでは、どちらの方(ほう)が大(おお)きいですか。

사과하고 딸기 중에 어느 쪽이 큽니까?

③ アメリカより中国(ちゅうごく)の方(ほう)が人口(じんこう)が多(おお)いです。

미국보다 중국 쪽이 인구가 많습니다.

仲良(なかよ)し 사이가 좋음	**教科書(きょうかしょ)** 교과서	**タクシー** 택시	**バス** 버스
中国(ちゅうごく) 중국	**韓国(かんこく)** 한국	**インドネシア** 인도네시아	**アメリカ** 미국
人口(じんこう) 인구			

7. ナ形容詞(けいようし) ナ형용사

① 勉強(べんきょう)は嫌(きら)いだ。→ 勉強(べんきょう)は嫌(きら)いではない。

공부는 싫어한다.　　공부는 싫어하지는 않는다.

② これとそれは同(おな)じです。→ これとそれは同(おな)じではないです。

이것과 그것은 같습니다.　　これとそれは同(おな)じじゃないです。

これとそれは同(おな)じではありません。

これとそれは同(おな)じじゃありません。

이것과 그것은 같지 않습니다.

③ 崔(チェ)さんはまじめな人(ひと)です。 최 씨는 성실한 사람입니다.

	肯定形(こうていけい) 긍정형	否定形(ひていけい) 부정형
普通体(ふつうたい) 보통체	きれいだ	きれいではない
丁寧体(ていねいたい) 정중체	きれいです	きれいではないです きれいじゃないです
		きれいではありません きれいじゃありません
連体形(れんたいけい) 연체형	きれいな花(はな)	きれいではない花(はな) きれいじゃない花(はな)

嫌(きら)いだ 싫어하다　　**同(おな)じだ** 같다　　**花(はな)** 꽃

よく使(つか)うナ形容詞(けいようし)　자주 쓰는 ナ형용사

下手(へた)だ
서툴다

好(す)きだ
좋아하다

苦手(にがて)だ
서투르다

得意(とくい)だ
자신있다

楽(らく)だ
편하다

不便(ふべん)だ
불편하다

大丈夫(だいじょうぶ)だ
괜찮다

大変(たいへん)だ
큰일이다

派手(はで)だ
화려하다

正直(しょうじき)だ
정직하다

幸(しあわ)せだ
행복하다

心配(しんぱい)だ
걱정이다

大事(だいじ)だ
중요하다

大切(たいせつ)だ
소중하다

盛(さか)んだ
번창하다

8. 数詞 수사

	1	2	3	4	5	6	7	8	9	10	何
~つ ~개	ひとつ	ふたつ	みっつ	よっつ	いつつ	むっつ	ななつ	やっつ	ここのつ	とお	いくつ
~人 ~사람	ひとり	ふたり	さんにん	よにん	ごにん	ろくにん	ななにん しちにん	はちにん	きゅうにん くにん	じゅうにん	なんにん
~皿 ~접시	ひとさら	ふたさら	さんさら みさら	よんさら よさら	ごさら	ろくさら	ななさら	はちさら はっさら	きゅうさら	じゅっさら じっさら	なんさら
~枚 ~장 ~台 ~대 ~度 ~번 ~番 ~번 ~号室 ~호실	いちまい	にまい	さんまい	よんまい	ごまい	ろくまい	ななまい	はちまい	きゅうまい	じゅうまい	なんまい
~ページ ~페이지	いちページ いっページ	にページ	さんページ	よんページ	ごページ	ろくページ	ななページ	はちページ はっページ	きゅう ページ	じゅっ ページ じっ ページ	なん ページ
~個 ~개 ~回 ~회 ~カ月 ~개월	いっこ	にこ	さんこ	よんこ	ごこ	ろっこ	ななこ	はちこ はっこ	きゅうこ	じゅっこ じっこ	なんこ
~階 ~층	いっかい	にかい	さんかい さんがい	よんかい	ごかい	ろっかい	ななかい	はちかい はっかい	きゅうかい	じゅっかい じっかい	なんかい なんがい
~歳 ~세 ~冊 ~권 ~足 ~켤레	いっさい	にさい	さんさい	よんさい	ごさい	ろくさい	ななさい	はっさい	きゅうさい	じゅっさい じっさい	なんさい
~円 ~엔	いちえん	にえん	さんえん	よえん	ごえん	ろくえん	ななえん しちえん	はちえん	きゅうえん	じゅうえん	なんえん
~本 병, 자루 ~杯 잔 ~匹 마리	いっぽん	にほん	さんぼん	よんほん	ごほん	ろっぽん	ななほん しちほん	はちほん はっぽん	きゅうほん	じゅっぽん じっぽん	なんほん なんぼん
~泊 ~박	いっぱく	にはく	さんぱく	よんはく	ごはく	ろっぱく	ななはく	はちはく はっぱく	きゅうはく	じゅっぱく じっぱく	なんはく なんぱく

9. よく使(つか)う言葉(ことば) 자주 쓰는 말

前(まえ)	後(うし)ろ	内(うち)	右(みぎ)	左(ひだり)
앞	뒤	안	오른쪽	왼쪽
横(よこ)	隣(とな)り	斜(なな)め	間(あいだ)	周(まわ)り
옆	이웃	비스듬함	사이	주변

10. 方向(ほうこう) 방향

東(ひがし)	西(にし)	南(みなみ)	北(きた)
동	서	남	북

メモ

練習　やりましょう

1. 例にならって、文を作りましょう。보기와 같이 문장을 만듭시다.

예 あの男の人 / まじめだ
→ あの男の人はまじめです。

(1) その教室 / 静かだ
→ ____________________

(2) このかばん / 丈夫だ
→ ____________________

(3) 明日の夜 / 暇だ
→ ____________________

2. 次のように言いましょう。다음과 같이 말해봅시다.

예 私の弟 / 元気だ / 人
→ 私の弟は元気な人です。

(1) これ / 大変だ / 仕事
→ ____________________

(2) この辺 / 静かだ / 所
→ ____________________

(3) 山下さん / 親切だ / 人
→ ____________________

男の人 남자
弟 남동생
所 장소 / 곳
静かだ 조용하다
元気だ 건강하다
親切だ 친절하다
丈夫だ 튼튼하다
仕事 일
暇だ 한가하다
辺 부근

3. 例(れい)にならって、言(い)いましょう。 보기와 같이 말해봅시다.

예 田中(たなか)さんの妹(いもうと)さん / 歌(うた)が上手(じょうず)だ / かわいい

→田中(たなか)さんの妹(いもうと)さんは歌(うた)が上手(じょうず)でかわいいです。

(1) 金(キム)さんのお兄(にい)さん / ハンサムだ / 背(せ)が高(たか)い

→ ______________________________

(2) その方法(ほうほう) / 簡単(かんたん)だ / 効果的(こうかてき)だ

→ ______________________________

(3) 私(わたし) / 数学(すうがく)が得意(とくい)だ / 英語(えいご)が苦手(にがて)だ

→ ______________________________

4. 次(つぎ)のように文(ぶん)を作(つく)りましょう。다음과 같이 문장을 만듭시다.

예 りんご / いちご / 好(す)きだ

→りんごよりいちごの方(ほう)が好(す)きです。

(1) バス / タクシー / 便利(べんり)だ

→ ______________________________

(2) 急行(きゅうこう) / 特急(とっきゅう) / 速(はや)い

→ ______________________________

(3) 日本語(にほんご) / 英語(えいご) / 難(むずか)しい

→ ______________________________

田中(たなか) 다나카	妹(いもうと)さん(남의) 여동생	歌(うた) 노래	ハンサムだ 핸섬하다
方法(ほうほう) 방법	簡単(かんたん)だ 간단하다	効果的(こうかてき)だ 효과적이다	数学(すうがく) 수학
英語(えいご) 영어	急行(きゅうこう) 급행	特急(とっきゅう) 특급	速(はや)い 빠르다

5. 下(した)の表(ひょう)を完成(かんせい)させましょう。아래 표를 완성해봅시다.

きれいだ	きれいな	きれいです	きれいで
		まじめです	
	家庭的(かていてき)な		
			積極的(せっきょくてき)で
上手(じょうず)だ			
	丈夫(じょうぶ)な		

6. 次(つぎ)の絵(え)を見(み)て質問(しつもん)に答(こた)えましょう。다음 그림을 보고 질문에 답하세요.

前(まえ)

中村(なかむら)	田中(たなか)	山下(やました)
山田(やまだ)	木村(きむら)	青木(あおき)
小林(こばやし)	吉田(よしだ)	山口(やまぐち)

(1) 木村(きむら)さんの前(まえ)は誰(だれ)ですか。

____

(2) 山口(やまぐち)さんの左(ひだり)の席(せき)は誰(だれ)ですか。

____

(3) 山下(やました)さんの後(うし)ろの席(せき)は誰(だれ)ですか。

____

(4) 中村(なかむら)さんの右(みぎ)は誰(だれ)ですか。

____

(5) 小林(こばやし)さんの隣(となな)りは誰(だれ)ですか。

____

積極的(せっきょくてき)だ 적극적이다　**小林(こばやし)** 고바야시　**山口(やまぐち)** 야마구치　**席(せき)** 자리

聞きましょう

正しい方を選んで○をつけましょう。 바른 것을 골라 ○를 그리세요.

(1)

a

b

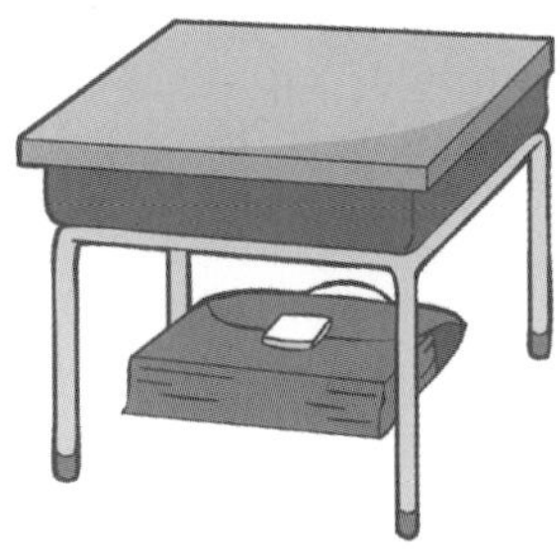

(2)

a

b

(3)

a

b

(4) a b

(5) a b

語彙　　覚えましょう

人の性格や様子を表す形容詞 사람의 성격이나 상황을 나타내는 형용사

イ形容詞 イ형용사

暗い
어둡다

美しい
아름답다

親しい
친하다

寂しい
쓸쓸하다

気が短い
성질이 급하다

つまらない
시시하다

ナ形容詞 ナ형용사

消極的だ
소극적이다

内向的だ
내성적이다

社交的だ
사교적이다

熱心だ
열심이다

にぎやかだ
번화하다

有名だ
유명하다

素敵だ
멋지다

立派だ
훌륭하다

家族(かぞく) 가족

祖父(そふ)/おじいさん
조부, 할아버지

祖母(そぼ)/おばあさん
조모, 할머니

父(ちち)/お父(とう)さん
아버지

母(はは)/お母(かあ)さん
어머니

兄(あに)/お兄(にい)さん
오빠

姉(あね)/お姉(ねえ)さん
누나, 누님

弟(おとうと)/弟(おとうと)さん
남동생

妹(いもうと)/妹(いもうと)さん
여동생

両親(りょうしん)/ご両親(りょうしん)
부모/부모님

쉬어가기

天皇(てんのう)と休日(きゅうじつ) 천황과 휴일

일본의 공휴일을 살펴보면, 일상생활 속에 천황의 존재가 얼마나 깊이 뿌리박혀 있는가를 잘 알 수 있다. 우선 현 아키히토 천황의 생일인 12월 23일이 '천황탄생일'이라는 이름으로 공휴일로 지정되어 있다. 이것까지는 전혀 이상할 바 없지만, 이미 사망한 천황의 생일까지도 공휴일로 지정하고 있다. 예를 들면, 메이지 천황의 생일인 11월 3일은 '문화의 날'로, 쇼와 천황의 생일인 4월 29일은 '쇼와昭和(しょうわ)의 날'로 바꾸어 공휴일로 하고 있다. 메이지 천황은 재임 중에 문화 창달에 기여하였고, 쇼와 천황은 식물학자 출신이라는 점을 감안하여 이름이 그렇게 붙여졌다고 한다.

이외에도 천황과 관련된 공휴일은 더 있다. 건국 기념일인 2월 11일은 신화에서 말하는 초대 천황인 진무 천황이 즉위한 날을 기념하는 공휴일이다. 또, 11월 23일의 '근로감사의 날'도 천황과 깊이 관련되어 있다. 일본의 종교라 할 수 있는 신도에서 첫 수확한 벼를 신에게 바치는 날을 기념하는 날이기 때문이다. 천황은 신도에서 제사장의 위치에 있으므로 천황과 관련된 휴일인 것이다. 이렇게 따져보면 일본의 법정 공휴일 14일 가운데 5일이 천황과 관계가 있다.

7 新鮮(しんせん)でおいしかったです

[重要文型(じゅうようぶんけい)]

- このパソコンはいくらだったんですか。 이 컴퓨터는 얼마였습니까?
- これほど大(おお)きないちごを見(み)たのは初(はじ)めてだ。

  이 정도로 큰 딸기를 본 것은 처음이다.
- 高(たか)いから買(か)いませんでした。 비싸기 때문에 사지 않았습니다.

会話

話しましょう

木村　金さん、広島への旅行はどうでしたか。

金　すごく楽しかったですよ。特に宮島が良かったです。
路面電車にも乗りました。

木村　へえ、そうですか。
お好み焼きは食べましたか。

金　ええ、もちろん。それに、カキも食べました。
新鮮でおいしかったです。

木村　カキ料理は広島が本場ですからね。
いくらだったんですか。

金　友達と4人で、13,000円ほどでした。

木村　ええっ。お酒も飲みましたか。

金　いいえ、お酒は全然飲まなかったんですよ。

木村　うーん、それはちょっと高かったですね。

広島 히로시마	すごく 대단히	宮島 미야지마	良い 좋다
路面電車 노면전차	乗る 타다	へえ 헤 (감탄, 놀람)	もちろん 물론
カキ 굴	新鮮 신선	本場 본고장	～から ~때문에
万 만	千 천	～ほど ~정도	ええっ 어/이크
お酒 술	全然 전혀	うーん 응	ちょっと 좀

要点

まとめましょう

1. 「へ」の用法 「へ(~에)」의 용법

① 何時にうちへ帰りますか。 몇 시에 집에 돌아갑니까?

② 今、どこへ行くんですか。 지금 어디에 갑니까?

③ 両親への手紙を書きます。 부모에게 편지를 씁니다.

2. ~に乗る ~를 타다

① 毎日、バスに乗ります。 매일 버스를 탑니다.

② 時間がない時はタクシーに乗ります。 시간이 없을 때는 택시를 탑니다.

③ 初めて飛行機に乗りました。 처음으로 비행기를 탔습니다.

3. ~から ~이므로 (원인/이유/근거)

① もう大丈夫ですから。 이제 괜찮으니까요.

② おいしかったから、たくさん食べました。 맛이 있어서 많이 먹었습니다.

③ 高いから買いませんでした。 비싸기 때문에 사지 않았습니다.

うち 집	**今** 지금	**手紙** 편지	**書く** 쓰다
時間 시간	**時** 때	**初めて** 처음으로	**もう** 벌써

4. いくら 얼마

① このパソコンはいくらだったんですか。이 컴퓨터는 얼마였습니까?

② 東京(とうきょう)から大阪(おおさか)まで、新幹線(しんかんせん)でいくらかかりますか。

도쿄에서 오사카까지 신칸센으로 얼마나 듭니까?

③ 1年間(いちねんかん)、日本(にほん)に留学(りゅうがく)するにはいくら必要(ひつよう)ですか。

1년간 일본에 유학하는 데는 얼마나 필요합니까?

5. ~ほど 정도, 만큼

① これほど大(おお)きいいちごを見(み)たのは初(はじ)めてだ。

이렇게 큰 딸기를 본 것은 처음이다.

② 30分(さんじゅっぷん)ほど前(まえ)に来(き)ました。30분 정도 전에 왔습니다.

③ 兄(あに)ほど背(せ)が高(たか)くない。형만큼 키가 크지 않다.

6. 大(おお)きい数(かず) 큰 수

	1	2	3	4	5	6	7	8	9	何(なん)
百(ひゃく)	ひゃく	にひゃく	さんびゃく	よんひゃく	ごひゃく	ろっぴゃく	ななひゃく	はっぴゃく	きゅうひゃく	なんびゃく
千(せん)	せん	にせん	さんぜん	よんせん	ごせん	ろくせん	ななせん	はっせん	きゅうせん	なんぜん

1万(いちまん) 만　　1,000万(いっせんまん) 천만　　1億(いちおく) 억　　1兆(いっちょう) 조

~間(かん) ~간/사이　日本(にほん) 일본　留学(りゅうがく) 유학　必要(ひつよう) 필요
百(ひゃく) 백　億(おく) 억　兆(ちょう) 조

7. 形容詞の過去形 형용사의 과거형

① そのいちごは甘かったです。 그 딸기는 달았습니다.

② この車は高くありませんでした。 이 차는 비싸지 않았습니다.

③ 山下さんの部屋はきれいでした。 야마시타 씨의 방은 깨끗했습니다.

④ 金さんはまじめじゃなかった。 김 씨는 성실하지 않았다.

		イ形容詞 イ형용사	ナ形容詞 ナ형용사
肯定形 긍정형	普通体 보통체	～かった	～だった
	丁寧体 정중체	～かったです	～でした
否定形 부정형	普通体 보통체	～くなかった	～ではなかった ～じゃなかった
	丁寧体 정중체	～くなかったです ～くありませんでした	～ではありませんでした ～じゃありませんでした

8. 動詞の過去形 동사의 과거형

① 昨夜は早く寝ました。어젯밤은 일찍 잤습니다.

② 昨日は友達に会いませんでした。어제는 친구를 만나지 않았습니다.

③ 早く家に帰りました。빨리 집에 돌아갔습니다.

五段動詞 5단동사 (1그룹)	会う→会った　待つ→待った　帰る→帰った
	死ぬ→死んだ　読む→読んだ　遊ぶ→遊んだ
	聞く→聞いた　急ぐ→急いだ　行く→行った
	貸す→貸した
一段動詞 1단동사 (2그룹)	見る→見た
不規則動詞 불규칙동사 (3그룹)	来る→来た　する→した

昨夜 어젯밤　早く 빨리　待つ 기다리다　死ぬ 죽다
聞く 듣다　急ぐ 서두르다　貸す 빌려주다

練習(れんしゅう) やりましょう

1. 例(れい)にならって、言(い)いましょう。보기와 같이 말합시다.

예 この本(ほん) / 1,800円(せんはっぴゃくえん) → A：この本(ほん)はいくらですか。
B：1,800円(せんはっぴゃくえん)です。

(1) そのパソコン / １４９，８００円(じゅうよんまんきゅうせんはっぴゃくえん)

→ A：＿＿＿＿＿＿＿＿＿＿

B：＿＿＿＿＿＿＿＿＿＿

(2) 家賃(やちん) / 5万円(ごまんえん)

→ A：＿＿＿＿＿＿＿＿＿＿

B：＿＿＿＿＿＿＿＿＿＿

(3) 1カ月(いっげつ)の電話代(でんわだい) / 5,000 円(ごせんえん)

→ A：＿＿＿＿＿＿＿＿＿＿

B：＿＿＿＿＿＿＿＿＿＿

2. 次(つぎ)のように文(ぶん)を作(つく)りましょう。다음과 같이 문장을 만듭시다.

예 辞書(じしょ) / 買(か)う → 辞書(じしょ)を買(か)いませんでした。

(1) 学校(がっこう) / 来(く)る

→ ＿＿＿＿＿＿＿＿＿＿

(2) 宿題(しゅくだい) / する

→ ＿＿＿＿＿＿＿＿＿＿

(3) タクシー / 乗(の)る

→ ＿＿＿＿＿＿＿＿＿＿

電話代(でんわだい) 전화요금

3. 例(れい)にならって、話(はな)しましょう。보기와 같이 이야기합시다.

예 昨日(きのう) / 暑(あつ)い

→ A：昨日(きのう)はどうでしたか。

B：暑(あつ)かったです。

(1) この映画(えいが) / 面白(おもしろ)くない

→ A：______________________________

B：______________________________

(2) その服(ふく) / 高(たか)い

→ A：______________________________

B：______________________________

(3) 先週(せんしゅう) / 忙(いそが)しい

→ A：______________________________

B：______________________________

4. 次(つぎ)の表(ひょう)を完成(かんせい)させましょう。보기와 같이 다음 표를 완성하세요.

食(た)べる	食(た)べました	食(た)べましたか	食(た)べませんでした	食(た)べませんでしたか
		飲(の)みましたか		
	乗(の)りました			
			見(み)ませんでした	
				買(か)いませんでしたか
勉強(べんきょう)する				
	読(よ)みました			
		聞(き)きましたか		

暑(あつ)い 덥다　　服(ふく) 옷

5. 次の表を完成させましょう。보기와 같이 다음 표를 완성하세요.

小さい	小さかった	小さかったです	小さくなかった	小さくありませんでした
		高かったです		
				楽しくありませんでした
	好きだった			
				上手ではありませんでした
			きれいではなかった	

メモ

聞きましょう

次の空欄に言葉を入れて、文を完成させましょう。

다음 빈 칸에 말을 넣어 문장을 완성합시다.

(1) りんごは1つ（　　　　　）円です。

(2) ペン1本とノート1冊で（　　　　　）円です。

(3) 本はそんなに（　　　　　）なかったです。

(4)（　　　　　）曜日に（　　　　　）に行きました。
とても（　　　　　）かったです。

(5) パソコンは（　　　　　）円でした。

メモ

語彙(ごい)　　覚(おぼ)えましょう

乗(の)り物(もの) 탈것

電車(でんしゃ)
전차

地下鉄(ちかてつ)
지하철

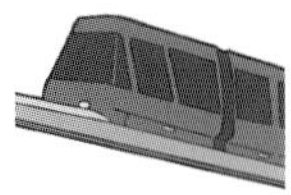

モノレール
모노레일

船(ふね)
배

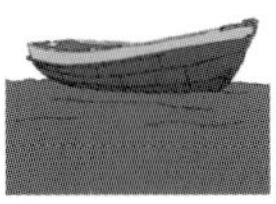

ボート
보트

自転車(じてんしゃ)
자전거

バイク
바이크

フェリー
페리

メモ

쉬어가기

手紙(てがみ)の禁忌言葉(きんきことば) 편지 금기어

편지에 쓰면 안 되는 말

일본은 언령言霊(ことだま)(고대에 말에 깃들어 있는 것으로 믿어졌던 신비적인 힘)의 나라이며, 특히 언어가 가지는 의미에 대해 민감하기 때문에 편지에서도 불길한 말을 삼갔다.

예를 들어, 결혼, 출산, 생일, 신축과 같이 경사스러운 편지를 보낼 때 결혼에 관한 편지에는 「헤어지다」「끊어지다」「떠나다」「멀어지다」와 같은 표현은 쓰지 않으며, 출산을 축하하는 편지에서 「흘러가다」와 같은 표현도 삼갔다.

축하편지에 「쇠하다」「낡다」「흐트러지다」 등을 쓰거나, 신축이나 개점에 관한 편지에 「불」「지다」「타다」「도산하다」라고 쓰는 것 역시 금기사항이다.

경사스러운 일뿐만 아니라 불행한 일에도 불길한 말이 있다. 예를 들어 불행이 겹친다는 의미로 「부디くれぐれも」「거듭重(かさ)ね重(がさ)ね」과 같이 반복되는 말이나 「또」「재차」「이어서」 등과 같이 불행이 다시 오는 것을 연상시키는 말들은 쓰지 않도록 주의해야 한다.

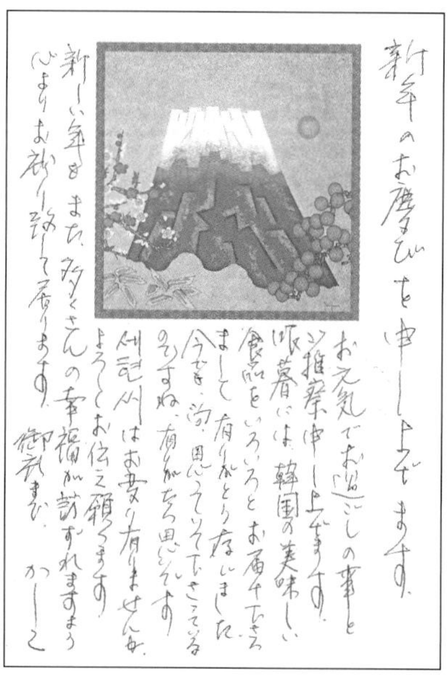
新年のお慶びを申し上げます。
お元気でお過ごしの事とご推察申し上げます。
旧暮には、韓国の美味しい食品をいろいろとお届け下さいまして有りがとう存じました。
新しい年もまた、みなさんの幸福が訪ずれますよう心よりお祈り致して居ります。
御礼まで。 かしこ

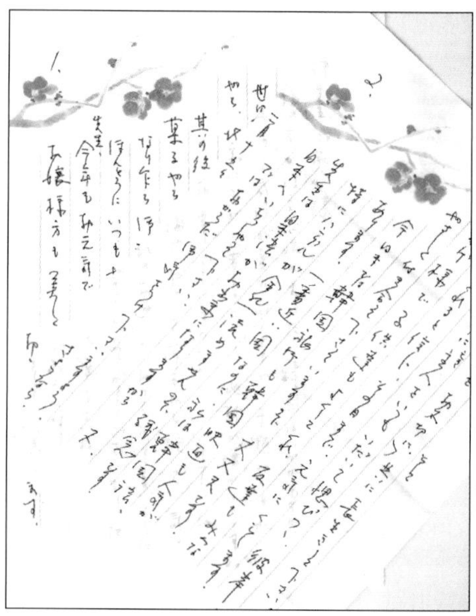

일본기행

#노면전차

#학생스모

#미야지마

#마쓰오 바쇼

#미야지마

8

田中先生(たなかせんせい)のお宅(たく)でしょうか

[重要文型(じゅうようぶんけい)]

- 田中先生(たなかせんせい)はいらっしゃいますか。 다나카 선생님은 계십니까?
- 何時頃(なんじごろ)にお戻(もど)りになりますか。 몇 시경에 돌아오십니까?
- 何(なに)がお好(す)きですか。 무엇을 좋아하십니까?
- またお電話(でんわ)いたします。 또 전화드리겠습니다.

会話

話しましょう

朴　もしもし、田中先生のお宅でしょうか。

田中　はい、そうですが。

朴　あのう、東南大学の留学生の朴と申しますが、
田中先生はいらっしゃいますか。

田中　あいにく外出しておりますが……。

朴　そうですか。
先生は何時頃にお戻りになりますか。

田中　9時までには帰ると思いますけど……。
何かお伝えしましょうか。

朴　いいえ、結構です。
9時過ぎくらいに、またお電話いたします。
では、失礼します。

お宅 댁	～が ~(이)지만	あのう 저어	東南大学 도난대학
留学生 유학생	～と ~라고	申す 言う의 겸양어	いらっしゃる 계시다
あいにく 공교롭게도	外出 외출	おる いる의 겸양어	頃 경
お戻り 되돌아오심	なる 되다	思う 생각하다	～けど ~지만
何か 무엇인가	お伝え 전언	結構 충분함	過ぎ 지남
お電話 전화	いたす する의 겸양어	では 그럼	

要点

まとめましょう

1. 敬語 경어

(1) お～になる

① もうお買いになりましたか。벌써 사셨습니까?

② 先生がお書きになりました。선생님이 쓰셨습니다.

(2) ～(ら)れる

① この本はもう読まれましたか。이 책 벌써 읽으셨습니까?

② タクシーで来られました。택시로 오셨습니다.

(3) 特別な形

① 今、何とおっしゃったんですか。지금 뭐라고 말씀하셨습니까?

② 先生はまもなくこちらにいらっしゃいますよ。

선생님은 잠시 후에 이쪽으로 오시는데요.

2. ～になる ~가 되다

① もうすぐ閉店時間になります。잠시 후에 폐점시간이 됩니다.

② この辺りもにぎやかになりました。이 부근도 번화하게 되었습니다.

③ 金さんと友達になりました。김 씨하고 친구가 되었습니다.

～(ら)れる 존경을 나타냄　**おっしゃる** 言う의 높임말　**まもなく** 잠시 후에　**いらっしゃる** 来る의 높임말
閉店時間 폐점시간　**辺り** 주위　**にぎやかだ** 번화하다

3. ～けど ~다만 (역접)

① 林(イム)さんには私(わたし)も会(あ)ったけど、元気(げんき)でしたよ。

임 씨를 나도 만났지만 건강했어요.

② その映画(えいが)は私(わたし)も見(み)たけど、それほど面白(おもしろ)くなかったですよ。

그 영화는 나도 봤지만 그렇게 재미있지 않았어요.

③ 日本語(にほんご)は難(むずか)しいけど面白(おもしろ)いです。

일본어는 어렵지만 재미있습니다.

4. では / じゃあ 그럼

① じゃあ、よろしく。 그럼, 잘 부탁해요.

② では、失礼(しつれい)します。 그럼, 실례하겠습니다.

③ では、また。 그럼, 또.

元気(げんき) 건강　　それほど 그렇게

練習(れんしゅう) やりましょう

1. 例(れい)にならって、文(ぶん)を作(つく)りましょう。보기와 같이 문장을 만듭시다.

예 すぐに知(し)らせる

→ すぐにお知(し)らせします。

(1) 家(いえ)まで送(おく)る

→ ____________________

(2) 詳(くわ)しいことは後(あと)で話(はな)す

→ ____________________

(3) 私(わたし)の友達(ともだち)を紹介(しょうかい)する

→ ____________________

2. 例(れい)のように言(い)いましょう。보기와 같이 문장을 만드세요.

예 よろしく願(ねが)う

→ よろしくお願(ねが)いいたします。

(1) お席(せき)に案内(あんない)する

→ ____________________

(2) 待(ま)たせた

→ ____________________

(3) その件(けん)はまた相談(そうだん)する

→ ____________________

すぐに 곧	**知(し)らせる** 알리다	**送(おく)る** 보내다	**詳(くわ)しい** 상세하다
こと 것	**後(あと)で** 후에	**話(はな)す** 이야기하다	**紹介(しょうかい)** 소개
願(ねが)う 바라다	**お席(せき)** 자리	**案内(あんない)** 안내	**待(ま)たせる** 기다리게 하다
件(けん) 건	**相談(そうだん)** 상담		

3. 次のように書き換えましょう。 다음과 같이 문장을 바꿔 써 봅시다.

예 この問題をどう考える

→ この問題をどうお考えになりますか。

(1) 何時に出発する

→ ____________________

(2) この本を読む

→ ____________________

(3) 休みの日にどこに出かける

→ ____________________

4. 例にならって書き換えましょう。보기와 같이 문장을 바꿔 써 봅시다.

예 世の中がますます便利です

→ 世の中がますます便利になります。

(1) 日本語が上手です

→ ____________________

(2) 弟はもうすぐ大学生です

→ ____________________

(3) 来週から暇です

→ ____________________

問題 문제	**お考え** 남의 생각을 높이는 말	**出発** 출발	**休みの日** 쉬는 날
出かける 외출하다	**世の中** 세상	**ますます** 점점	**便利** 편리
上手 능숙하다	**暇** 한가		

5. 次のように文を作りましょう。다음과 같이 문장을 만듭시다.

예 私もそのお菓子を食べた / おいしかったです

→ 私もそのお菓子を食べたけど、おいしかったです。

(1) 留学生の金です / 山田先生はいらっしゃいますか

→ ______________________________

(2) この電子辞書は高い / 便利です

→ ______________________________

(3) カラオケは好きだ / 上手ではありません

→ ______________________________

お菓子 과자 **電子辞書** 전자사전 **カラオケ** 가라오케

聞(き)きましょう

正(ただ)しい方(ほう)を選(えら)んで○をつけましょう。바른 것을 골라 ○를 합시다.

(1)

a

b

(2)

a

b

(3)

a

b

(4) a b

(5) a b

語彙(ごい)　　覚(おぼ)えましょう

基本動詞(きほんどうし)　기본동사

五段動詞(ごだんどうし)　5단동사(1그룹)

って

言(い)う
말하다

歌(うた)う
노래하다

知(し)る
알다

吸(す)う
빨아들이다

使(つか)う
쓰다

習(なら)う
배우다

登(のぼ)る
오르다

走(はし)る
달리다

降(ふ)る
내리다

持(も)つ
지속하다, 들다

笑(わら)う
웃다

んで

選(えら)ぶ
선택하다

休(やす)む
쉬다

呼(よ)ぶ
부르다

いて/いで

歩く(ある)
걷다

動く(うご)
움직이다

泳ぐ(およ)
헤엄치다

泣く(な)
울다

働く(はたら)
일하다

磨く(みが)
닦다, 연마하다

して

落とす(お)
떨어뜨리다

消す(け)
끄다

殺す(ころ)
죽이다

出す(だ)
내다

直す(なお)
고치다

残す(のこ)
남기다

一段動詞(いちだんどうし) 1단동사(2그룹)

상 1단

起きる(お)
일어나다

落ちる(お)
떨어지다

降りる(お)
내려오다

着る(き)
입다

하 1단

開ける(あ)
열다

教える(おし)
가르치다

訪ねる(たず)
방문하다

쉬어가기

絵馬 에마

‘에마’는 말 그림과 소원을 적은 작은 판자로 신사나 절 등의 경내에서 발견할 수 있다.

일본에서는 예로부터 신이 말을 타고 인간이 사는 속세에 내려온다는 전설이 있다. 오본이 되면 오이나 가지에 나무젓가락 등을 꽂아 말 모양과 닮은 장식품을 만드는 것도 자신들의 조상이 말을 타고 ‘이 세상’에 돌아온다고 믿었기 때문이다.

이미 나라시대의 『속일본기』에는 신에게 살아 있는 말을 봉납하면서부터 기원했다는 것이 쓰여 있다. 그러나 신에게 살아 있는 말을 봉납하는 것은 경제적 부담이 너무 커서 결국은 흙이나 나무로 말 모양을 본 떠 만든 말을 봉납하게 된 것이 오늘날 에마의 기원이다.

무로마치시대가 되면서 말 이외의 그림도 그리게 되었다. 모모야마시대에는 유명한 화가가 그린 에마도 나타나 그들의 에마를 내걸기 위한 에마당絵馬堂이 세워지기도 했었다.

에도시대가 되면서 집안의 평온과 자식을 얻어 잘 키우고 싶다는 간절한 소원이나 상업 번창과 같은 실리적인 소원 등을 에마에 적는 관습이 민중들 사이에서 널리 퍼졌다.

현재는 수험생이 전국에 있는 텐만구天満宮에 가서 합격기원의 에마를 봉납하는 관습이 유행하고 있는데, 텐만구는 학문의 신이라 불리우는 스가와라노 미치자네菅原道真를 모신 신사이다.

9 食後(しょくご)に飲(の)んでください

[重要文型(じゅうようぶんけい)]

- 今日(きょう)は友達(ともだち)に会(あ)わないです。 오늘은 친구를 만나지 않습니다.
- 日本人(にほんじん)と話(はな)してみました。 일본인과 얘기해봤습니다.
- ここに座(すわ)ってください。 여기에 앉아 주십시오.
- どこに住(す)んでいるんですか。 어디에 살고 있습니까?
- 金(キム)さんに電話(でんわ)しておきます。 김 씨에게 전화해 두겠습니다.

会話

話しましょう

医者　こんにちは。今日はどうしましたか。

林　のどが痛くて、鼻水が止まらないんです。

医者　熱はありますか。

林　いいえ、ありません。

医者　じゃ、ちょっと診てみましょう。
口を開けてください。
うーん、はれてますね。風邪ですね。

林　そうですか。

医者　お薬を出しておきますから、食後に飲んでください。
そして、ゆっくり休んでください。
あまり無理をしないでくださいね。

林　はい。

医者　お大事に。

林　ありがとうございました。

- のど 목
- 鼻水 콧물
- 止まる 멈추다
- ~ない ~않는다
- 熱 열
- じゃ 그럼
- 診る 진찰하다
- ~てみる ~해보다
- 口 입
- ~てください ~해 주십시오
- はれる 붓다
- ~て(い)る ~고 있다
- 風邪 감기
- お薬 약
- ~ておく ~해두다
- 食後 식후
- そして 그리고
- ゆっくり 천천히
- あまり 그다지/너무나
- 無理 무리
- お大事に 건강히

要点

まとめましょう

1. 動詞の否定形「～ない」 동사의 부정형「～ない」

① 今日は友達に会わないです。오늘은 친구를 만나지 않습니다.

② まだ帰らないんですか。아직 돌아가지 않습니까?

③ まだ来ないんです。아직 오지 않습니다.

五段動詞 5단동사 (1그룹)	-u → -aない	行く→行かない　泳ぐ→泳がない　話す→話さない 待つ→待たない　死ぬ→死なない
		遊ぶ→遊ばない　飲む→飲まない　取る→取らない 吸う→吸わない　ある→ない
一段動詞 1단동사 (2그룹)	-ru → -ない	見る→見ない　食べる→食べない　忘れる→忘れない 捨てる→捨てない　いる→いない
不規則動詞 불규칙동사 (3그룹)		来る→来ない　する→しない

2. ～てみる ~해보다

① 日本人と話してみました。일본인과 이야기해봤습니다.

② これ、ちょっとやってみませんか。이것, 잠깐 해보지 않겠습니까?

③ この本を読んでみます。이 책을 읽어보겠습니다.

まだ 아직　取る 취하다　忘れる 잊다　捨てる 버리다
やる 하다

3. ～てください　~해주세요

① ここに座ってください。여기에 앉아주십시오.

② ここに名前を書いてください。여기에 이름을 써주십시오.

③ 来週までに必ずレポートを出してください。

다음 주까지 반드시 리포트를 내주십시오.

4. ～て(い)る　~하고 있다 (현재 상황, 반복, 과거 경험)

① どこに住んでるんですか。어디에 살고 있습니까?

② 今、宿題をやっています。지금 숙제를 하고 있습니다.

③ 外で遊んでいます。밖에서 놀고 있습니다.

④ ピアノを弾いています。피아노를 치고 있습니다.

⑤ あの人を知ってますか。저 사람을 알고 있습니까?

5. ～ておく　~해 두다

① 金さんに電話しておきます。김 씨에게 전화해두겠습니다.

② 申し込み書を出しておきましょうか。신청서를 내드릴까요?

③ 電気をつけておきました。전기를 켜두었습니다.

④ 昨日、宿題をやっておきました。어제 숙제를 해두었습니다.

6. あまり / あんまり　(뒤에 부정형이 붙어)그다지/너무나

① たばこはあまり体に良くないですよ。담배는 별로 몸에 좋지 않아요.

② テストはあまり難しくありませんでした。시험은 그다지 어렵지 않았습니다.

③ それはあんまりです。그것은 너무합니다.

④ あまりの美しさに驚いた。너무나 아름다워서 놀랐다.

⑤ あまりにも早く終わった。너무나 빨리 끝났다.

座る 앉다	名前 이름	必ず 반드시	レポート 리포트
住む 살다	ピアノ 피아노	弾く 치다	申し込み書 신청서
電気 전기	つける 켜다	あんまり 그다지	たばこ 담배
美しさ 아름다움	驚く 놀라다		

練習(れんしゅう) やりましょう

1. 例(れい)にならって、文(ぶん)を作(つく)りましょう。보기와 같이 문장을 만듭시다.

예 電気(でんき)がつく

→ 電気(でんき)がつかないです。

(1) 日曜日(にちようび)は学校(がっこう)に行(い)く

→ ______________________________

(2) 食後(しょくご)にコーヒーを飲(の)む

→ ______________________________

(3) ダイエット中(ちゅう)に甘(あま)い物(もの)を食(た)べる

→ ______________________________

2. 次(つぎ)のように書(か)き換(か)えましょう。다음과 같이 바꿔씁시다.

예 少(すこ)し待(ま)つ

→ 少(すこ)し待(ま)ってみます。

(1) ちょっと行(い)く

→ ______________________________

(2) 日本(にほん)のドラマを見(み)る

→ ______________________________

(3) 友達(ともだち)に相談(そうだん)する

→ ______________________________

つく 켜지다 **ダイエット** 다이어트 **~中(ちゅう)** ~중 **少(すこ)し** 조금
ドラマ 드라마

3. 次(つぎ)のように言(い)いましょう。 다음과 같이 말해봅시다.

예 この映画(えいが)を見(み)る

→ この映画(えいが)を見(み)てください。

(1) ここにゴミを捨(す)てない

→ ____________________

(2) よく見(み)る

→ ____________________

(3) 質問(しつもん)に答(こた)える

→ ____________________

4. 例(れい)にならって、言(い)いましょう。 보기와 같이 말해봅시다.

예 子供(こども)たちが公園(こうえん)で遊(あそ)ぶ

→ 子供(こども)たちが公園(こうえん)で遊(あそ)んでいます。

(1) 先週(せんしゅう)から日本語学校(にほんごがっこう)に通(かよ)う

→ ____________________

(2) 友達(ともだち)に電話(でんわ)をかける

→ ____________________

(3) 歌(うた)を歌(うた)う

→ ____________________

ゴミ 쓰레기	**よく** 잘	**質問(しつもん)** 질문	**答(こた)える** 대답하다
子供(こども) 어린이	**〜たち** ~들(복수)	**日本語学校(にほんごがっこう)** 일본어학교	**通(かよ)う** 다니다
かける 걸다			

5. 例(れい)のように文(ぶん)を作(つく)りましょう。보기와 같이 문장을 만듭시다.

예 宿題(しゅくだい)をする

→ 宿題(しゅくだい)をしておきます。

(1) ビールを冷(ひ)やす

→ ________________________________

(2) エアコンを消(け)した

→ ________________________________

(3) 掃除(そうじ)をする

→ ________________________________

6. 下(した)の表(ひょう)を完成(かんせい)させましょう。아래 표를 완성해봅시다.

食(た)べる	食(た)べてください	食(た)べてみる	食(た)べている	食(た)べておく
		見(み)てみる		
	読(よ)んでください			
			聞(き)いている	
書(か)く				
				勉強(べんきょう)しておく

冷(ひ)やす 차게 하다　掃除(そうじ) 청소

聞きましょう

正しい方を選んで○をつけましょう。 바른 것을 골라 ○를 하세요.

(1) a

b

(2) a

b

(3) a

b

(4) a b

(5) a b

語彙(ごい)　覚(おぼ)えましょう

体(からだ) 몸

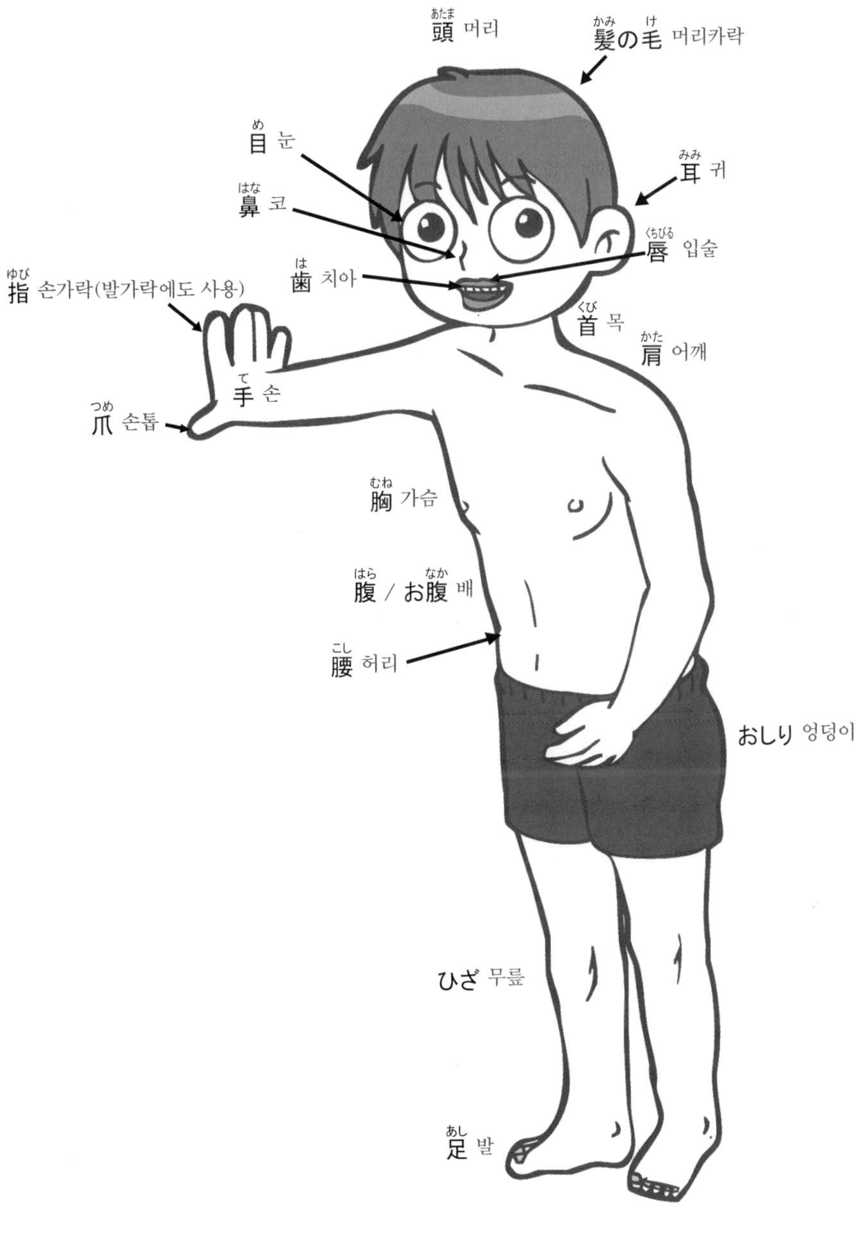

쉬어가기

日本語の音便 일본어 음편형 단숨에 뛰어넘기

일본어 가나를 익힌 후, 학습자들이 어려워하는 부분은 동사의 음편형이다. 음편형音便形이란, 음을 편하게 발음하기 위한 형태로 다음과 같은 방법으로 외워보는 것은 어떨까?

규칙1 : 기는 이 [기어가는 이]

書きます → 書いて ➡ き→い

규칙2 : '이치리いちり'는 작은 'っ'

習います → 習って
待ちます → 待って ➡ い·ち·り→っ
帰ります → 帰って

규칙3 : '미니mini비~인데(빈대)'

〈빈대가 작지 큰가? 작은 빈대, 즉 미니빈대〉

読みます → 読んで
死にます → 死んで ➡ み·に·び → んで
遊びます → 遊んで

> 이상 세 규칙은 1. '기는 이' 2. '이치리는 작은 쓰' 3. '미니 빈대'로 요약할 수 있다.

일본기행

#신칸센

#스시

#택시승강장

#아사히카와 동물원

#긴타이쿄

10 公園に行ってジョギングをしたりします

[重要文型]

- 歌いながら家に帰りました。노래 부르면서 집에 돌아갔습니다.
- 朝ご飯は食べたり食べなかったりです。

  아침밥은 먹기도 하고 먹지 않기도 합니다.
- 日本に来てからどのくらいですか。일본에 온 지 얼마나 되었습니까?
- 温かいスープが飲みたいです。따뜻한 수프를 마시고 싶습니다.

会話

話しましょう

金　休みの日にはだいたい何をしていますか。

山下　コーヒーを飲みながら音楽を聞いたり、
テレビを見たりしています。

金　どんな番組が好きなんですか。

山下　韓国のドラマをよく見ます。
韓国へ旅行に行ってから、ますます好きになりました。

金　１日中、部屋で過ごしてるんですか。

山下　いいえ。時々、ショッピングに出かけたり、
公園に行ってジョギングをしたりします。

金　へえ、ジョギングですか。

山下　ええ。もっとやせたいから。

金　そうなんですか。
実は、私もダイエットをしてるんですよ。

だいたい 대개	～ながら ~하면서	音楽 음악	～たり ~하기도 하고
テレビ 텔레비전	番組 프로그램	～てから ~하고 나서	1日 1일
過ごす 지내다	時々 때때로	ショッピング 쇼핑	ジョギング 조깅
もっと 더욱	やせる 야위다	～たい ~하고 싶다	実は 실은

要点

まとめましょう

1. ～ながら ~하면서 (동시)

① 歌いながら家に帰りました。 노래 부르면서 집에 돌아갔습니다.

② 歩きながらアイスクリームを食べます。 걸으면서 아이스크림을 먹습니다.

③ お茶を飲みながら話をしました。 차를 마시면서 이야기했습니다.

2. ～たり ~하기도 하고

① 朝ご飯は食べたり食べなかったりです。 아침밥은 먹기도 하고 먹지 않기도 합니다.

② 雨が降ったりやんだりしています。 비가 내리다가 멈추다가 합니다.

③ 家と学校を行ったり来たりしました。 집과 학교를 왔다 갔다 했습니다.

3. ～が好きだ ~좋아하다 / ～が嫌いだ ~싫어하다
～が上手だ ~능숙하다 / ～が下手だ ~서툴다

① 私は料理を作るのが好きです。 나는 요리하는 것을 좋아합니다.

② 金さんはアニメが好きです。 김 씨는 애니메이션을 좋아합니다.

③ テストが好きな人はいません。 시험을 좋아하는 사람은 없습니다.

④ 李さんは梨が好きだ。でも、りんごが嫌いだ。

이 씨는 배를 좋아한다. 하지만 사과를 싫어한다.

⑤ 金さんは話すのが上手です。けれども、作文が下手です。

김 씨는 말하는 것이 능숙합니다. 하지만 작문은 서툽니다.

アイスクリーム 아이스크림	話 이야기	朝ご飯 아침밥	やむ 그치다
作る 만들다	アニメ 애니메니션	でも (이)지만	けれども 하지만
下手だ 서툴다			

4. ～てから ~하고 나서

① 日本(にほん)に来(き)てからどのくらいですか。 일본에 온 지 얼마나 되었습니까?

② いつも宿題(しゅくだい)をやってから寝(ね)ます。 항상 숙제를 하고 나서 잡니다.

③ 電話(でんわ)をしてから来(き)てください。 전화를 하고 나서 와주십시오.

④ 高校(こうこう)を卒業(そつぎょう)してから何年(なんねん)になりますか。 고등학교를 졸업한 지 몇 년 되었습니까?

5. ～たい / ～たがる ~하고 싶다(1인칭) / 하고 싶어 하다(3인칭)

① 温(あたた)かいスープが飲(の)みたいです。 따뜻한 수프를 마시고 싶습니다.

② 今日(きょう)は勉強(べんきょう)したくありません。 오늘은 공부하고 싶지 않습니다.

③ 私(わたし)の姉(あね)は留学(りゅうがく)したがっています。 저의 누나는 유학을 하고 싶어 합니다.

④ 弟(おとうと)はテレビを見(み)たがっています。 남동생은 텔레비전을 보고 싶어 합니다.

いつも 항상　高校(こうこう) 고교　卒業(そつぎょう) 졸업　～たがる 하고 싶어 한다
スープ 수프

練習(れんしゅう) やりましょう

1. 例(れい)にならって、文(ぶん)を作(つく)りましょう。보기와 같이 문장을 만듭시다.

예 音楽(おんがく)を聞(き)く / 勉強(べんきょう)する

→ 音楽(おんがく)を聞(き)きながら勉強(べんきょう)します。

(1) お菓子(かし)を食(た)べる / テレビを見(み)る

→ ____________________

(2) アルバイトをする / 学校(がっこう)に通(かよ)う

→ ____________________

(3) 友達(ともだち)と話(はな)す / 帰(かえ)る

→ ____________________

2. 次(つぎ)のように文(ぶん)を作(つく)りましょう。다음과 같이 문장을 만듭시다.

예 掃除(そうじ)する / 洗濯(せんたく)する

→ 掃除(そうじ)したり洗濯(せんたく)したりします。

(1) 歌(うた)を歌(うた)う / 踊(おど)る

→ ____________________

(2) 電話(でんわ)する / メールする

→ ____________________

(3) インターネットをする / テレビを見(み)る

→ ____________________

洗濯(せんたく) 세탁　　踊(おど)る 춤추다　　メール 메일　　インターネット 인터넷

3. 友達(ともだち)に尋(たず)ねて、表(ひょう)に書(か)き入(い)れましょう。 친구에게 물어 표를 완성하세요.

예 A：どんな映画(えいが)が好(す)きですか。

B：アニメが好(す)きです。

	友達(ともだち)(1)	友達(ともだち)(2)	友達(ともだち)(3)
果物(くだもの)			
食べ物(たべもの)			
スポーツ			
映画(えいが)			

4. 文(ぶん)を作(つく)って言(い)いましょう。 보기와 같이 문장을 만드세요.

예 歯(は)を磨(みが)く / 寝(ね)ます

→ 歯(は)を磨(みが)いてから寝(ね)ます。

(1) 買(か)い物(もの)をする / 家(いえ)に帰(かえ)ります

→ ____________________

(2) よく考(かんが)える / 答(こた)えてください

→ ____________________

(3) 食事(しょくじ)をする / 映画(えいが)を見(み)ませんか

→ ____________________

食べ物(たもの) 음식　スポーツ 스포츠　考(かんが)える 생각하다　食事(しょくじ) 식사

5. 例(れい)にならって、言(い)い換(か)えましょう。 보기와 같이 말을 바꿉시다.

예 冷(つめ)たい物(もの)を飲(の)む

→ 冷(つめ)たい物(もの)が飲(の)みたいです。

(1) 日本(にほん)へ行(い)く

→ ________________________________

(2) おいしい物(もの)を食(た)べる

→ ________________________________

(3) 部屋(へや)で休(やす)む

→ ________________________________

メモ

聞きましょう

次の空欄に言葉を入れて、文を完成させましょう。

다음 빈칸에 말을 넣어 문장을 완성시킵시다.

(1) 来週は、友達と（　　　　　）をしたり（　　　　　）を見て（　　　　　）たいです。

(2) 金さんは（　　　　　）ながら帰りました。

(3) スポーツは（　　　　　）のが好きです。

(4)（　　　　　）年（　　　　　）カ月間、日本に住んでいます。

(5) 朝、食事を（　　　　　）てからコーヒーを飲みます。

メモ

語彙(ごい)　　覚(おぼ)えましょう

スポーツと電気製品(でんきせいひん)　스포츠와 전기제품

スポーツ　스포츠

野球(やきゅう)
야구

サッカー
축구

相撲(すもう)
스모

テニス
테니스

バレーボール
배구

スキー
스키

スケート
스케이트

マラソン
마라톤

バドミントン
배드민턴

卓球(たっきゅう)
탁구

バスケットボール
농구

水泳(すいえい)
수영

ソフトボール
소프트볼

剣道(けんどう)
검도

柔道(じゅうどう)
유도

スカイダイビング
스카이다이빙

ゴルフ
골프

メモ

電気製品(でんきせいひん) 전기제품

洗濯機(せんたくき)
세탁기

掃除機(そうじき)
청소기

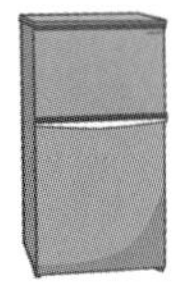

冷蔵庫(れいぞうこ)
냉장고

電子(でんし)レンジ
전자렌지

DVDプレーヤー
DVD플레이어

システムコンポ
시스템 컴포넌트
(오디오)

扇風機(せんぷうき)
선풍기

ファンヒーター
팬히터

ファクシミリ
팩시밀리

プリンター
프린터

ホットカーペット
전기장판

炊飯器(すいはんき)
전기밥솥

電気(でんき)ポット
전기포트

ビデオカメラ
비디오카메라

アイロン
다리미

こたつ
고타쓰

쉬어가기

神前結婚式(しんぜんけっこんしき) 신전 결혼식

요즈음 젊은 사람들은 교회나 해외 등에서 결혼식을 많이 올리지만, 지금도 여전히 신전 결혼식을 거행하는 경우가 많은 것 같다.

자고이래 일본에서 신도神道(しんとう)가 일상생활과 밀접해짐에 따라, 메이지시대 이후 지금과 같은 신전 결혼식이 행해지게 되었다.

가마쿠라시대 무렵 무사집안의 혼례는, 신랑 집에 가마를 탄 신부가 오면 신랑 측 가족이 참가한 가운데 부부의 잔을 주고받고, 후에 친척 등에게 신부를 소개하는 지극히 간단한 것이었다. 혼례는 점차 의식화되어 무로마치 시대에 이르면 「삼삼구도三三九度(さんさんくど)」가 더해지게 된다.

지금의 신전 결혼식에서 보이는 형식은 1900(메이지 33)년 황태자(훗날 다이쇼 천황)의 성혼식을 본보기로 하여 널리 퍼져나간 것으로 알려져 있다.

또 혼례의식이 신랑 측 집안 이외의 장소에서 행해지게 된 것 역시 바로 이 다이쇼 천황의 성혼을 계기로 정착된 것이다.

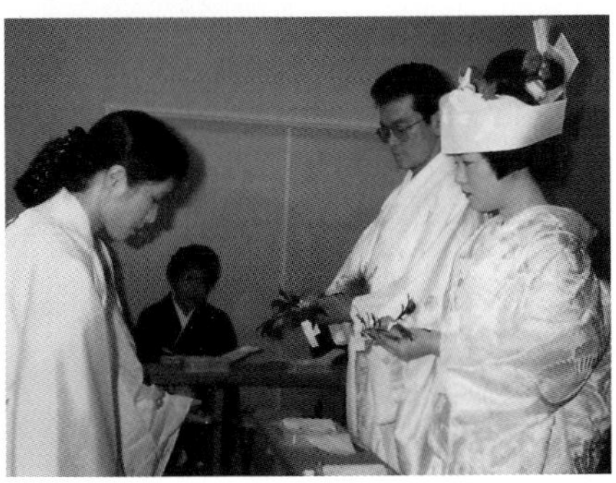

이후 일반인도 신사에서 신전 결혼식을 치르게 되었고, 신랑, 신부는 신전에서 삼삼구도를 주고받게 되었다.

11 来(き)て良(よ)かったでしょう

［重要文型(じゅうようぶんけい)］

- ここでたばこを吸(す)ってもいいですか。
  여기서 담배를 피워도 좋습니까?
- 今日(きょう)、小林(こばやし)さんが来(く)るかどうか知(し)っていますか。
  오늘 고바야시 씨가 오는지 안 오는지 알고 있습니까?
- 夏休(なつやす)みに大阪(おおさか)に行(い)って来(き)ました。 여름방학 때 오사카에 갔다 왔습니다.
- 嘘(うそ)をついてはいけないよ。 거짓말을 해서는 안 돼요.

会話

話しましょう

朴　見て、これ。すごーい。

　　来て良かったでしょう。

木村　ほんとね。

　　これ、写真撮ってもいいのかな。

朴　あそこに係員がいるから、写真を撮ってもいいかどうか、

　　聞いて来ますね。

木村　あっ、あそこに撮影禁止って書いてありますよ。

朴　え、どこどこ。 あ、ほんとだ。

　　やっぱり、写真を撮ってはいけないんですね。

木村　残念だけど、見るだけですね。

すごーい 굉장하다	**〜でしょう** 이겠지요	**ほんと** 정말	**撮る** 찍다
〜てもいい ~해도 좋다	**〜かな** ~을지	**係員** 담당자	**〜かどうか** ~일지 어떨지
〜てくる ~해오다	**あっ** 앗	**撮影** 촬영	**禁止** 금지
〜って ~(이)란	**〜てある** ~고 있다	**え** 네	**やっぱり** 역시
〜てはいけない ~해서는 안된다	**残念** 유감	**〜だけ** ~만	

要点

まとめましょう

1. ～でしょう ~겠지요 (추측/추량의 표현)

① 明日は雨でしょう。내일은 비가 내리겠지요.

② このビール、よく冷えてるでしょう。이 맥주 시원하겠지요.

③ たぶんあの人も大学生でしょう。아마 저 사람들도 대학생이겠지요.

2. ～てもいい ~해도 된다 (허락)

① ここでたばこを吸ってもいいですよ。여기서 담배를 피워도 좋습니다.

② 後で電話してもいいですか。다음에 전화해도 좋습니까?

③ 韓国語で書いてもいいですか。한국어로 써도 좋습니까?

④ この本を読んでもいいですか。이 책을 읽어도 좋습니까?

3. ～かどうか ~일지 어떨지

① 今日、小林さんが来るかどうか知っていますか。

오늘 코바야시 씨가 올지 안 올지 알고 있습니까?

② これが体にいいかどうか調べてください。

이것이 몸에 좋을지 어떨지 알아봐 주십시오.

③ 今、朴さんが幸せかどうか誰にもわかりません。

지금 박 씨가 행복한지 어떤지 아무도 모릅니다.

4. ～てくる ~해 오다

① 夏休みに大阪に行って来ました。여름방학에 오사카에 갔다 왔습니다.

② これは来週までに調べてきます。이것은 다음 주까지 조사해오겠습니다.

③ だんだん寒くなってきました。점점 추워졌습니다.

たぶん 아마	冷える 차가워지다	調べる 조사하다	幸せ 행복
わかる 알다	夏休み 여름방학	だんだん 점점	寒く 춥지

5. ～って (「…というのは」「…なんて」의 압축된 표현) …(이)라는 것은 …(이)란

① 中村(なかむら)さんの家(いえ)ってどこ。 나카무라 씨의 집은 어디죠?

② 山口(やまぐち)さんって人(ひと)、知(し)ってますか。 야마구치라는 사람 알고 있습니까?

③ まだ時間(じかん)がかかるって言(い)ってましたよ。아직 더 시간이 걸린다고 말하던데요.

6. ～てはいけない ~해서는 안 된다

① 嘘(うそ)をついてはいけないよ。거짓말을 해서는 안 돼요.

② ここに座(すわ)ってはいけません。여기에 앉아서는 안 됩니다.

③ 韓国語(かんこくご)で書(か)いてはいけないんですか。한국어로 쓰면 안 됩니까?

7. ～だけ ~뿐, 만

① 中山(なかやま)さんだけまだ来(き)ていません。나카야마 씨만 아직 오지 않았습니다.

② 好(す)きな物(もの)を1(ひと)つだけ選(えら)んでください。좋아하는 물건을 하나만 골라 주십시오.

③ 食(た)べたいだけ食(た)べて帰(かえ)りました。먹고 싶을 만큼 먹고 돌아갔습니다.

嘘(うそ) 거짓말 つく 붙다, 하다 中山(なかやま) 나카야마

練習(れんしゅう)　やりましょう

1. 次(つぎ)のように言(い)い換(か)えましょう。다음과 같이 바꿔 말해 봅시다.

예 日本語(にほんご)で話(はな)すのは難(むずか)しい → 日本語(にほんご)で話(はな)すのは難(むずか)しいでしょう。

(1) 今日(きょう)は田中(たなか)さんは来(こ)ない

→ ________________________________

(2) 金(キム)さんはコーヒーが好(す)きじゃない

→ ________________________________

(3) 今年(ことし)の冬(ふゆ)は寒(さむ)くない

→ ________________________________

2. 例(れい)にならって話(はな)しましょう。보기와 같이 말해봅시다.

예 このパソコンを使(つか)う

→ A : このパソコンを使(つか)ってもいいですか。

B : いいえ、使(つか)ってはいけません。

(1) このお菓子(かし)を食(た)べる

→ A : ________________________________

B : ________________________________

(2) 来週(らいしゅう)、休(やす)む

→ A : ________________________________

B : ________________________________

(3) ここに座(すわ)る

→ A : ________________________________

B : ________________________________

3. 次のように書き換えましょう。보기와 같이 바꿔 써 봅시다.

예 金さんは親切ですね
→ 金さんって親切ですね。

(1) 外国語の勉強というのは難しいですね

→ ______________________________

(2) 由佳ちゃんというのは誰

→ ______________________________

(3) 今日は遅くなると言ってましたよ

→ ______________________________

4. 例にならって文を作りましょう。보기와 같이 문장을 만듭시다.

예 図書館に行く
→ 図書館に行ってきます。

(1) アイスクリームだけ買う

→ ______________________________

(2) 友達に電話する

→ ______________________________

(3) 休憩する

→ ______________________________

親切 친절
外国語 외국어
由佳 유카
～ちゃん (친밀한)호칭
～という ~라고 하는
休憩 휴식

5. 次(つぎ)のように言(い)いましょう。다음과 같이 말해봅시다.

예 明日(あした)、晴(は)れる / わからない
→ 明日(あした)、晴(は)れるかどうかわかりません。

(1) 宿題(しゅくだい)をやった / 確認(かくにん)する
→ ______________________________

(2) 昨日(きのう)、電話(でんわ)をした / 聞(き)いてみた
→ ______________________________

(3) 大学(だいがく)に受(う)かる / 心配(しんぱい)だ
→ ______________________________

6. 例(れい)にならって書(か)き換(か)えましょう。보기와 같이 바꿔 써 봅시다.

예 ビールを飲(の)みました
→ ビールだけ飲(の)みました。

(1) 朴(パク)さんがいません
→ ______________________________

(2) 必要(ひつよう)な物(もの)を買(か)いました
→ ______________________________

(3) 遅刻(ちこく)したのは金(キム)さんです
→ ______________________________

晴(は)れる 맑다　**確認(かくにん)** 확인　**受(う)かる** 합격하다　**必要(ひつよう)だ** 필요하다
遅刻(ちこく) 지각

聞きましょう

正しいものを選んで、文を完成させましょう。알맞은 것을 골라 문장을 완성시킵시다.

(1) テレビを(見てもいい / 見てはいけない)。

(2) 木村さんの本が(あります / ありません)。

(3) この後、質問を(します / しません)。

(4) 朴さんは(来ません / 来るかどうかわかりません)。

(5) ノートを(見てもいい / 見てはいけない)。

メモ

語彙(ごい)　覚(おぼ)えましょう

趣味(しゅみ)と専門(せんもん) 취미와 전공

趣味(しゅみ) 취미

音楽鑑賞(おんがくかんしょう)
음악감상

ドライブ
드라이브

ボーリング
볼링

散歩(さんぽ)
산책

パチンコ
파칭코

ガーデニング
원예, 정원가꾸기

ビリヤード
당구

読書(どくしょ)
독서

囲碁(いご)
바둑

将棋(しょうぎ)
장기

釣(つ)り
낚시

山登(やまのぼ)り
등산

専門(せんもん) 전공

文学(ぶんがく)

문학

哲学(てつがく)

철학

心理学(しんりがく)

심리학

文化人類学(ぶんかじんるいがく)

문화인류학

政治学(せいじがく)

정치학

経営学(けいえいがく)

경영학

法学(ほうがく)

법학

生物学(せいぶつがく)

생물학

物理学(ぶつりがく)

물리학

化学(かがく)

화학

薬学(やくがく)

약학

電子工学(でんしこうがく)

전자공학

環境工学(かんきょうこうがく)

환경공학

建築学(けんちくがく)

건축학

教育学(きょういくがく)

교육학

쉬어가기

並んで待つ 기다리기

일본에서는 가게 앞에서 줄을 서서 기다리는 것은 그다지 진귀한 일이 아니다. 특히 텔레비전이나 잡지 등에서 소개되는 유명한 가게는 매일같이 아침부터 손님이 줄을 선다. 그런 광경을 보면 분주한 아침에 소중한 시간을 할애해서 일부러 줄을 설 정도로 가치가 있는 것일까 하는 의문이 생긴다. 배가 고픈데도 불구하고 기다려서 먹을 정도로 맛이 있는 것일까? 굳이 줄을 서지 않고 바로 들어갈 수 있는 가게로 가면 좋으련만. 일본인은 유명한 가게에서 다른 사람들이 줄 서있는 것을 보면 나도 그래야지 하면서 줄을 서는 것 같다. 한 사람씩 순서대로 가게에 들어가는 것을 보고, 가슴을 설레면서 자기 순번이 오는 것을 기다린다. 그리고 기다리고 기다려서 마침내 자기 순서가 돌아온다.

일본인은 기다리는 것도 즐거움의 하나로 생각하고 있는 것 같다.

일본기행

#거리의 흡연구역

#오사카성

#인력거

#최북단 왓카나이

#국회의사당

12 この本だけ借りられますか

[重要文型]

- この漢字、読めませんか。 이 한자 읽을 수 없습니까?
- 気分が悪かったので、まっすぐ家に帰りました。

  속이 안 좋아서 바로 집에 돌아갔습니다.
- はっきり言ってほしい。 확실히 말해주세요.
- 英語を話すことができません。 영어를 말할 수 없습니다.

会話(かいわ)

話(はな)しましょう

林(イム)	すみません。この本(ほん)がみつからないので、どこにあるのか調(しら)べてほしいんですが……。
図書館(としょかん)の職員(しょくいん)	これですね。しばらくお待(ま)ちください。 ……えーっと、まだ返却(へんきゃく)されていませんね。 予約(よやく)しておきましょうか。
林(イム)	はい、お願(ねが)いします。 じゃあ、こっちの本(ほん)だけ借(か)りられますか。
図書館(としょかん)の職員(しょくいん)	それは辞書(じしょ)なので、貸(か)し出(だ)しはできません。 閲覧(えつらん)のみになります。
林(イム)	じゃ、コピーすることはできますか。
図書館(としょかん)の職員(しょくいん)	ええ、コピーは可能(かのう)です。 コピー機(き)は、あの柱(はしら)の裏(うら)の辺(あた)りにあります。
林(イム)	コピーカードを持(も)ってないんですが、 現金(げんきん)で使(つか)えますか。
図書館(としょかん)の職員(しょくいん)	ええ、現金(げんきん)でも大丈夫(だいじょうぶ)ですよ。

みつかる 발견되다	**～ので** ~때문에	**ほしい** 하기 바란다	**職員(しょくいん)** 직원
しばらく 잠시	**お待(ま)ち** 기다림	**ください** 주십시오	**えーっと** 저
返却(へんきゃく) 반납	**～(ら)れる** 수동, 가능표현	**予約(よやく)** 예약	**お願(ねが)い** 부탁
借(か)りる 빌리다	**貸(か)し出(だ)し** 대출	**できる** 할 수 있다	**閲覧(えつらん)** 열람
～のみ ~뿐	**コピー** 복사	**可能(かのう)** 가능	**コピー機(き)** 복사기
柱(はしら) 기둥	**裏(うら)** 뒤	**カード** 카드	**現金(げんきん)** 현금

要点(ようてん)

まとめましょう

1. 可能表現(かのうひょうげん) 가능표현

① この漢字(かんじ)、読(よ)めませんか。이 한자 읽을 수 있습니까?

② この問題(もんだい)に答(こた)えられますか。이 문제에 대답할 수 있습니까?

③ すき焼(や)きを作(つく)ることができますか。스키야키를 만들 수 있습니까?

2. ～ので ~이므로

① 気分(きぶん)が悪(わる)かったので、まっすぐ家(いえ)に帰(かえ)りました。

속이 안 좋아서 바로 돌아갔습니다.

② それは高(たか)いので買(か)いません。그것은 비싸서 살 수 없습니다.

③ 忙(いそが)しいのでコンパには行(い)きません。바빠서 컴퍼에는 가지 않습니다.

3. ほしい 원하다

① はっきり言(い)ってほしい。확실히 말해줬으면 한다.

② もっとたくさんほしいんです。더 많이 갖고 싶습니다.

③ 明日(あした)まで待(ま)ってほしいんですが。내일까지 기다려줬으면 합니다만.

4. ～のみ ~뿐/만 (한정)

① 味付(あじつ)けは塩(しお)のみです。간맞추기는 소금 뿐입니다.

② 土日(どにち)のみのアルバイトを探(さが)しています。

토, 일요일만의 아르바이트를 찾고 있습니다.

気分(きぶん) 기분	まっすぐ 곧	コンパ 컴퍼	はっきり 확실히
味付(あじつ)け 간맞추기	塩(しお) 소금	探(さが)す 찾다	

5. ~こと ~하는 것

① この漢字を読むことができますか。이 한자를 읽을 수 있습니까?

② 木村さんは、来年オーストラリアに留学することになっています。

기무라 씨는 내년 호주에 유학하기로 되어 있습니다.

③ 新しい辞書を買うことにしました。새로운 사전을 사기로 했습니다.

④ ヨーロッパに行ったことがありますか。유럽에 간 적이 있습니까?

オーストラリア 호주　　**ヨーロッパ** 유럽

練習(れんしゅう)　やりましょう

1. 例(れい)にならって、話(はな)しましょう。보기와 같이 말해봅시다.

예 学校(がっこう)を休(やす)んだ / 風邪(かぜ)をひいた → A：どうして学校(がっこう)を休(やす)んだんですか。
B：風邪(かぜ)をひいたので。

(1) 家(いえ)にいる / テレビを見(み)たい

→ A：＿＿＿＿＿＿＿＿＿＿＿＿＿＿＿＿

B：＿＿＿＿＿＿＿＿＿＿＿＿＿＿＿＿

(2) 遅刻(ちこく)した / 寝坊(ねぼう)した

→ A：＿＿＿＿＿＿＿＿＿＿＿＿＿＿＿＿

B：＿＿＿＿＿＿＿＿＿＿＿＿＿＿＿＿

(3) 夜更(よふ)かしした / 友達(ともだち)とお酒(さけ)を飲(の)んだ

→ A：＿＿＿＿＿＿＿＿＿＿＿＿＿＿＿＿

B：＿＿＿＿＿＿＿＿＿＿＿＿＿＿＿＿

2. 次(つぎ)のように文(ぶん)を作(つく)って言(い)いましょう。보기와 같이 말해봅시다.

예 その映画(えいが)は面白(おもしろ)くなかった / 途中(とちゅう)で出(で)た
→ その映画(えいが)は面白(おもしろ)くなかったので、途中(とちゅう)で出(で)ました。

(1) 昨日(きのう)は天気(てんき)が悪(わる)かった / ずっと家(いえ)にいた

→ ＿＿＿＿＿＿＿＿＿＿＿＿＿＿＿＿＿＿

(2) 風邪(かぜ)をひいている / のどが痛(いた)い

→ ＿＿＿＿＿＿＿＿＿＿＿＿＿＿＿＿＿＿

(3) 明日(あした)から三連休(さんれんきゅう)だ / 友達(ともだち)と旅行(りょこう)に行(い)く

→ ＿＿＿＿＿＿＿＿＿＿＿＿＿＿＿＿＿＿

ひく 끌다　**寝坊(ねぼう)** 늦잠　**夜更(よふ)かし** 밤이 깊음　**途中(とちゅう)** 도중
ずっと 훨씬　**三連休(さんれんきゅう)** 3연휴

3. 例にならって、言い換えましょう。보기와 같이 바꿔말해 봅시다.

예 窓を閉める

→ 窓を閉めてほしいんですが。

(1) 電気をつける

→ ____________________

(2) かわいい犬

→ ____________________

(3) 新しいパソコン

→ ____________________

(4) もっとゆっくり話す

→ ____________________

(5) 隣りの部屋からファイルを取って来る

→ ____________________

4. 次のように言いましょう。다음과 같이 말해봅시다.

예 日本語で話しますか

→ 日本語で話せますか。

(1) 1人で家に帰りますか

→ ____________________

(2) もう食べません

→ ____________________

(3) 教室に入りません

→ ____________________

閉める 닫다　　**ファイル** 파일　　**入る** 들어가다

5. 次のように書き換えましょう。다음과 같이 바꿔 써 봅시다.

예 この水を飲む

→ この水を飲むことができますか。

(1) 車の運転をする

→ ____________________

(2) ギターを弾く

→ ____________________

(3) 自転車に乗る

→ ____________________

6. 例にならって、言いましょう。보기와 같이 말해봅시다.

예 日本の映画を見る

→ 日本の映画を見たことがありますか。

(1) 海外旅行をする

→ ____________________

(2) 日本人と話す

→ ____________________

(3) インターネットショッピングをする

→ ____________________

水(みず) 물 **運転**(うんてん) 운전 **ギター** 기타 **海外旅行**(かいがいりょこう) 해외여행

インターネットショッピング 인터넷쇼핑

聞きましょう

正しい方を選んでください。바른 것을 선택해 주십시오.

(1) a 男の人も女の人も漢字を読むことができません。

b 男の人だけ漢字を読むことができません。

(2) a 男の人はたくさん買い物をしたがっています。

b 女の人はたくさん買い物をしました。

(3) a 男の人は頭が痛いけど行きます。

b 男の人は頭が痛いので行くことができません。

(4) a 女の人はヨーロッパに行ったことがありません。

b 女の人はヨーロッパに行ったことがあります。

(5) a 男の人はお金を貸しました。

b 男の人はお金を借りました。

語彙　覚えましょう

日本の地図 일본의 지도

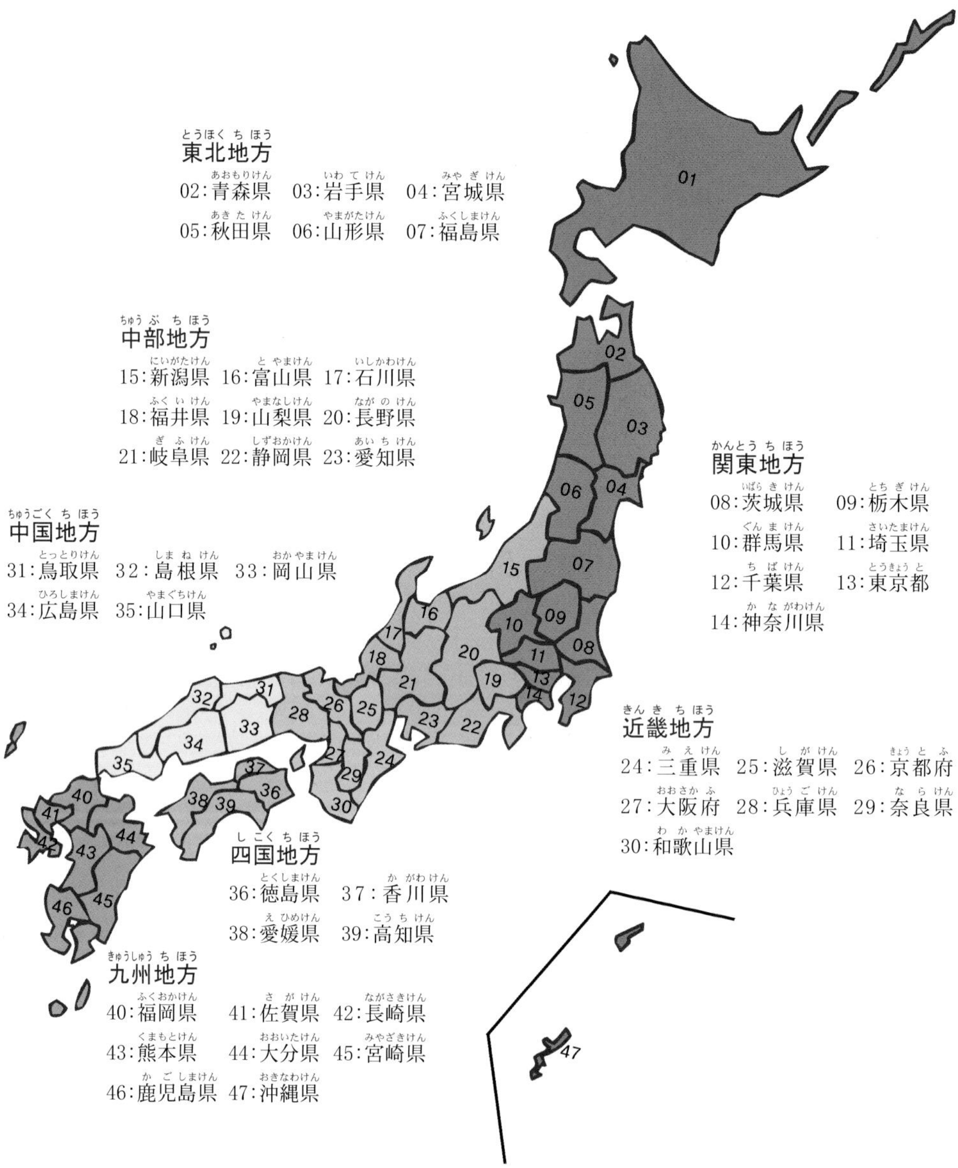

北海道地方

01:北海道

東北地方

02:青森県　03:岩手県　04:宮城県
05:秋田県　06:山形県　07:福島県

中部地方

15:新潟県　16:富山県　17:石川県
18:福井県　19:山梨県　20:長野県
21:岐阜県　22:静岡県　23:愛知県

関東地方

08:茨城県　09:栃木県
10:群馬県　11:埼玉県
12:千葉県　13:東京都
14:神奈川県

中国地方

31:鳥取県　32:島根県　33:岡山県
34:広島県　35:山口県

近畿地方

24:三重県　25:滋賀県　26:京都府
27:大阪府　28:兵庫県　29:奈良県
30:和歌山県

四国地方

36:徳島県　37:香川県
38:愛媛県　39:高知県

九州地方

40:福岡県　41:佐賀県　42:長崎県
43:熊本県　44:大分県　45:宮崎県
46:鹿児島県　47:沖縄県

쉬어가기

いろは歌「이로하」노래

이로하우타いろは歌는 문장 속에 히라가나 47자를 한 자도 중복하지 않고 의미 있게 배열하는 7·5조의 노래이다. 지금은 일본인들도 あいうえお 순으로 공부하지만, 예전에는 글자를 처음 배울 때 'いろは' 순서로 쓰고 익혔기 때문에, いろは에는 "배움의 초보"라는 의미도 있다.

色は匂へど	散りぬるを
我が世誰ぞ	常ならむ
有爲の奥山	今日越えて
淺き夢見じ	醉ひもせず

꽃은 향기로워도	시들고 마는 것을
이 세상 누구인들	한결같으랴
깊으나 깊은 산골	오늘 넘어서
옅으나 옅은 꿈결	취할 수도 없어

(한국어 번역은 이어령의 『하나의 나뭇잎이 흔들릴 때』에서 발췌)

安 あ	以 い	宇 う	衣 え	於 お
加 か	幾 き	久 く	計 け	己 こ
左 さ	之 し	寸 す	世 せ	曽 そ
太 た	知 ち	川 つ	天 て	止 と
奈 な	仁 に	奴 ぬ	祢 ね	乃 の
波 は	比 ひ	不 ふ	部 へ	保 ほ
末 ま	美 み	武 む	女 め	毛 も
也 や		由 ゆ		与 よ
良 ら	利 り	留 る	礼 れ	呂 ろ
和 わ				遠 を
无 ん				

저기..

부록

제1과 야마시타 씨도 대학생입니까?

야마시타 처음 뵙겠습니다.
야마시타입니다.

박 처음 뵙겠습니다. 박민수입니다.

야마시타 잘 부탁합니다.

박 저야말로 잘 부탁합니다.

야마시타 박 씨는 대학생입니까?

박 네, 대학교 2학년입니다.
야마시타 씨도 대학생입니까?

야마시타 아니오. 대학생이 아닙니다.
회사원입니다.

제2과 차라도 드세요.

김 안녕하세요.

기무라 아, 안녕하세요. 어서 들어오세요.

김 실례하겠습니다.

기무라 자, 이쪽으로.

김 네, 실례하겠습니다.

기무라 우선, 차라도 드세요.
〈테이블 위에 (차에 곁들이는) 과자가 있다〉

김 아, 감사합니다. 잘 마시겠습니다.

제3과 그 후의 예정은?

임 아, 여보세요. 아오키 씨?
임입니다.
수업 몇 시에 끝납니까?

아오키 4시입니다.

임 그 후 예정은?

아오키 특별히 아무것도 없습니다.

임 그럼, 오늘밤 영화를 보러 가지 않겠습니까?

아오키 네, 좋네요. 갑시다.

제4과 부드럽고 맛있군요.

김 이것 스키야키입니까?

야마시타 아니요, 스키야키가 아닙니다.
샤부샤부입니다.

김 고기가 부드럽고 맛있군요.
이것은 무엇입니까?

야마시타 모미지오로시(무와 고추를 함께 강판에 간 것)입니다. 매운데요.
〈모미지오로시를 많이 넣는다〉

야마시타 맵지 않습니까?

김 그렇게 맵지 않습니다.
괜찮습니다.

제5과 아르바이트는 매일 있습니까?

기무라 요즘 바쁩니까?

박 네, 무척이요. 어제도 밤늦게까지 아르바이트가 있었습니다.

기무라 그 역 앞 한국요리점에서의 아르바이트입니까?

박 네, 그렇습니다.

기무라 아르바이트는 매일 있습니까?

박 월요일부터 토요일까지로 일요일은 없습니다.

기무라 그렇습니까, 그것은 힘들겠네요.

제6과 가정적이고 성실한 사람입니다.

아오키　임 씨는 몇 명 가족입니까?

임　5인 가족입니다. 아버지와 어머니, 그리고 형이 두 명 있습니다. 저어, 이것이 가족사진입니다.

아오키　아아, 아버님은 키가 크네요. 어떤 사람이십니까?

임　가정적이고 성실한 사람입니다.

아오키　어머님은 미인이군요.

임　어머니는 요리를 잘하고 상냥합니다.

아오키　이쪽이 큰형입니까?

임　아니요, 거기는 작은형입니다. 큰형보다 작은형 쪽이 체구가 큽니다.

제7과 신선하고 맛있었습니다.

기무라　김 씨, 히로시마로의 여행은 어땠습니까?

김　무척 즐거웠어요. 특히 미야지마가 좋았습니다. 노면전차도 탔습니다.

기무라　헤, 그렇습니까? 오코노미야키는 먹었습니까?

김　네, 물론. 게다가 굴도 먹었습니다. 신선하고 맛있었습니다.

기무라　굴요리는 히로시마가 본고장이니까요. 얼마였습니까?

김　친구와 네 명이서 13,000엔 정도였습니다.

기무라　엇, 술도 마셨습니까?

김　아니오. 술은 전혀 마시지 않았는데요.

기무라　음, 그건 좀 비쌌네요.

제8과 다나카 선생님 댁입니까?

박　여보세요, 다나카 선생님 댁입니까.

다나카　네, 그렇습니다만.

박　저…… 도난대학의 유학생 박이라고 합니다만, 다나카 선생님 계십니까?

다나카　공교롭게도 외출했습니다만…….

박　그렇습니까. 선생님은 몇 시쯤에 돌아오십니까?

다나카　9시까지는 돌아올 거라고 생각합니다만…… 뭔가 전해드릴까요?

박　아니오. 괜찮습니다. 9시 넘어서 또 전화 드리겠습니다. 그럼, 실례하겠습니다.

제9과 식후에 드십시오.

의사　안녕하세요. 오늘은 어떻게 오셨습니까?

임　목이 아프고 콧물이 멈추지 않습니다.

의사　열은 있습니까?

임　아니요, 없습니다.

의사　그럼, 잠깐 진찰해봅시다. 입을 벌려주세요. 음, 부어있군요. 감기네요.

임　그렇습니까.

의사　약을 처방해 드릴 테니 식후에 복용

하십시오. 그리고 푹 쉬십시오.
너무 무리하지 말아주십시오.

임　네.

의사　몸조리 잘하세요.

임　감사합니다.

기무라　앗, 저쪽에 촬영 금지라고 적혀있어요.

박　네? 어디어디? 아, 정말이네. 역시 사진 찍으면 안 되는군요.

기무라　아쉽지만 보기만 해야 되겠네요.

제10과 공원에 가서 조깅을 하기도 합니다.

김　쉬는 날에는 대개 무엇을 합니까?

야마시타　커피를 마시면서 음악을 듣기도 하고, 텔레비전을 보기도 합니다.

김　어떤 프로그램을 좋아합니까?

야마시타　한국 드라마를 자주 봅니다. 한국에 여행을 간 이후로 더더욱 좋아하게 되었습니다.

김　하루 종일 방에서 보냅니까?

야마시타　아니오. 가끔 쇼핑하러 외출하기도 하고, 공원에 가서 조깅을 하기도 합니다.

김　헤, 조깅입니까?

야마시타　네, 좀 더 살을 빼고 싶어서.

박　그렇습니까. 사실은 저도 다이어트를 하고 있어요.

제11과 오길 잘했죠.

박　이것 봐, 굉장해. 오길 잘했지요.

기무라　정말요. 이거 사진 찍어도 괜찮을까나?

박　저쪽에 담당자가 있으니까 사진 찍어도 되는지 어떤지 물어보고 오겠습니다.

제12과 이 책만 빌릴 수 있나요?

임　저…… 죄송한데요. 이 책이 보이지 않아서 어디에 있는지 알아봐 주셨으면 합니다만…….

도서관직원　이거 말이죠. 잠시만 기다려주십시오. 음, 아직 반납되지 않았네요. 예약해둘까요?

임　네, 부탁합니다. 그럼 이 책만 빌릴 수 있습니까?

도서관직원　그건 사전이기 때문에 대출은 안됩니다. 열람만 할 수 있습니다.

임　그럼, 복사는 할 수 있습니까?

도서관직원　네, 복사는 가능합니다. 복사기는 저기 기둥 뒷편에 있습니다.

임　복사 카드를 가지고 있지 않습니다만, 현금으로 사용할 수 있습니까?

도서관직원　네, 현금으로도 괜찮습니다.

1과

1 (1) 林(イム)さんは中国人(ちゅうごくじん)です。

(2) 李(イ)さんは崔(チェ)さんの友達(ともだち)です。

(3) 山下(やました)さんのお母(かあ)さんは教師(きょうし)です。

2 (1) A：金(キム)さんも学生(がくせい)ですか。

B：いいえ、学生(がくせい)ではありません。

先生(せんせい)です。

(2) A：林(イム)さんも韓国人(かんこくじん)ですか。

B：いいえ、韓国人(かんこくじん)ではありません。

中国人(ちゅうごくじん)です。

3 (1) A：山下(やました)さんは3年生(さんねんせい)ですか。

B：はい、そうです。崔(チェ)さんは。

A：私(わたし)は先生(せんせい)です。

(2) A：林(イム)さんは中国人(ちゅうごくじん)ですか。

B：はい、そうです。金(キム)さんは。

A：私(わたし)は韓国人(かんこくじん)です。

4 省略(しょうりゃく)

MP3 (1) 崔(チェ)さん

(2) 中村(なかむら)さん

(3) 韓国語(かんこくご)

(4) 李(イ)さん

(5) 韓国語(かんこくご)

2과

1 (1) ごちそうさま(でした)。

(2) おはよう(ございます)。

(3) こんにちは。

(4) こんばんは。

(5) おやすみ(なさい)。

2 (1) どういたしまして。

(2) いってらっしゃい。

(3) じゃあ、また。

(4) おかえり。

3 (1) どうも

(2) どうぞ

(3) どうぞ

(4) どうも

MP3 (1) c

(2) e

(3) a

(4) d

(5) b

연습문제 해답

3과

1 (1) くじよんじゅうさんぷんです。
(2) しちじさんじ(ゅ)っぷんです。
(3) じゅうにじはっぷんです。
(4) ごじさんじゅうろっぷんです。
(5) じゅういちじよんじゅうななふんです。
(6) さんじさんぷんです。

2 (1) 私(わたし)の家(いえ)にパソコンはありません。
(2) この教室(きょうしつ)にホワイトボードはありません。
(3) 図書館(としょかん)に中村(なかむら)さんはいません。

3 (1) 映画(えいが)を見(み)ません。
(2) 眼鏡(めがね)を買(か)いません。
(3) 家(いえ)に帰(かえ)りません。

4 (1) A：今日(きょう)の午後(ごご)、遊(あそ)びに行(い)きませんか。
B：ええ、行(い)きましょう。
(2) A：今夜(こんや)、ビールを飲(の)みに行(い)きませんか。
B：ええ、行(い)きましょう。
(3) A：明日(あした)の夜(よる)、映画(えいが)を見(み)に行(い)きませんか。
B：ええ、行(い)きましょう。

5

終(お)わる	終(お)わります	終(お)わりますか
見(み)る	見(み)ます	見(み)ますか
食(た)べる	食(た)べます	食(た)べますか
出(で)る	出(で)ます	出(で)ますか
会(あ)う	会(あ)います	会(あ)いますか
帰(かえ)る	帰(かえ)ります	帰(かえ)りますか

終(お)わります	終(お)わりませんか	終(お)わりましょう
見(み)ません	見(み)ませんか	見(み)ましょう
食(た)べません	食(た)べませんか	食(た)べましょう
出(で)ません	出(で)ませんか	出(で)ましょう
会(あ)いません	会(あ)いませんか	会(あ)いましょう
帰(かえ)りません	帰(かえ)りませんか	帰(かえ)りましょう

MP3 (1) 2(に) / 12(じゅうに)
(2) 6(ろく)
(3) 11(じゅういち)
(4) 6(ろく) / 5(ご)

4과

1 (1) あれは面白(おもしろ)い映画(えいが)です。
(2) これは広(ひろ)い部屋(へや)です。
(3) それは冷(つめ)たいビールです。

2 (1) あの映画(えいが)は面白(おもしろ)いです。
(2) この部屋(へや)は広(ひろ)いです。
(3) そのビールは冷(つめ)たいです。

3 (1) あの映画(えいが)は面白(おもしろ)くありません。
(2) この部屋(へや)は広(ひろ)くありません。
(3) そのビールは冷(つめ)たくありません。

4 (1) あのパンは安(やす)くておいしいです。
(2) その犬(いぬ)は小(ちい)さくてかわいいです。
(3) 明日(あした)は天気(てんき)が悪(わる)くて寒(さむ)いです。

5

小(ちい)さい	小(ちい)さいです
低(ひく)い	低(ひく)いです
楽(たの)しい	楽(たの)しいです
強(つよ)い	強(つよ)いです
軽(かる)い	軽(かる)いです

小(ちい)さくないです	小(ちい)さくて
低(ひく)くないです	低(ひく)くて
楽(たの)しくないです	楽(たの)しくて
強(つよ)くないです	強(つよ)くて
軽(かる)くないです	軽(かる)くて

MP3 (1) b
(2) a
(3) a
(4) b

5과

1 (1) 具合(ぐあい)が悪(わる)いんですか。
(2) 宿題(しゅくだい)がたくさんあるんですか。
(3) 家(いえ)に帰(かえ)るんですか。

2 (1) 月(げつ) / 金(きん)
(2) 12(じゅうに) / 1(いち)
(3) 金(きん) / 1(いち) / 3(さん)
(4) 木(もく) / 1(いち) / 3(さん)
(5) 月(げつ) / 10(じゅう) / 12(じゅうに)

3 (1) 昼過(ひるす)ぎから夕方(ゆうがた)まで日本語(にほんご)の勉強(べんきょう)をします。
(2) 東京(とうきょう)から大阪(おおさか)まで新幹線(しんかんせん)で行(い)きます。
(3) 10(じゅっ)ページから50(ごじゅっ)ページまで読(よ)みます。

4 (1) は / に

(2) で / を

(3) が

(4) も / も

(5) の / は / の

5 省略(しょうりゃく)

MP3 (1) 明日(あした)

(2) 広(ひろ)くないです

(3) ありません

(4) 11(じゅういち)

(5) 花見(はなみ)

6과

1 (1) その教室(きょうしつ)は静(しず)かです。

(2) このかばんは丈夫(じょうぶ)です。

(3) 明日(あした)の夜(よる)は暇(ひま)です。

2 (1) これは大変(たいへん)な仕事(しごと)です。

(2) この辺(へん)は静(しず)かな所(ところ)です。

(3) 山下(やました)さんは親切(しんせつ)な人(ひと)です。

3 (1) 金(キム)さんのお兄(にい)さんはハンサムで背(せ)が高(たか)いです。

(2) その方法(ほうほう)は簡単(かんたん)で効果的(こうかてき)です。

(3) 私(わたし)は数学(すうがく)が得意(とくい)で英語(えいご)が苦手(にがて)です。

4 (1) バスよりタクシーの方(ほう)が便利(べんり)です。

(2) 急行(きゅうこう)より特急(とっきゅう)の方(ほう)が速(はや)いです。

(3) 日本語(にほんご)より英語(えいご)の方(ほう)が難(むずか)しいです。

5

まじめだ	まじめな
家庭的(かていてき)だ	家庭的(かていてき)な
積極的(せっきょくてき)だ	積極的(せっきょくてき)な
上手(じょうず)だ	上手(じょうず)な
丈夫(じょうぶ)だ	丈夫(じょうぶ)な

まじめです	まじめで
家庭的(かていてき)です	家庭的(かていてき)で
積極的(せっきょくてき)です	積極的(せっきょくてき)で
上手(じょうず)です	上手(じょうず)で
丈夫(じょうぶ)です	丈夫(じょうぶ)で

6 (1) 田中(たなか)さんです。

(2) 吉田(よしだ)さんです。

(3) 青木(あおき)さんです。

(4) 田中(たなか)さんです。

(5) 吉田(よしだ)さんです。

MP3 (1) b

(2) a

(3) a

(4) a

(5) b

7과

1 (1) A：そのパソコンはいくらですか。

B：１４９，８００円(じゅうよんまんきゅうせんはっぴゃくえん)です。

(2) A：家賃(やちん)はいくらですか。

B：5万円(ごまんえん)です。

(3) A：１カ月(いっかげつ)の電話代(でんわだい)はいくらですか。

B：5,000円(ごせんえん)です。

2 (1) 学校(がっこう)に来(き)ませんでした。

(2) 宿題(しゅくだい)をしませんでした。

(3) タクシーに乗(の)りませんでした。

3 (1) A：この映画(えいが)はどうでしたか。

B：面白(おもしろ)くなかったです。

(2) A：その服(ふく)はどうでしたか。

B：高(たか)かったです。

(3) A：先週(せんしゅう)はどうでしたか。

B：忙(いそが)しかったです。

4

飲(の)む	飲(の)みました	飲(の)みましたか	飲(の)みませんでした	飲(の)みませんでしたか
乗(の)る	乗(の)りました	乗(の)りましたか	乗(の)りませんでした	乗(の)りませんでしたか
見(み)る	見(み)ました	見(み)ましたか	見(み)ませんでした	見(み)ませんでしたか
買(か)う	買(か)いました	買(か)いましたか	買(か)いませんでした	買(か)いませんでしたか
勉強(べんきょう)する	勉強(べんきょう)しました	勉強(べんきょう)しましたか	勉強(べんきょう)しませんでした	勉強(べんきょう)しませんでしたか
読(よ)む	読(よ)みました	読(よ)みましたか	読(よ)みませんでした	読(よ)みませんでしたか
聞(き)く	聞(き)きました	聞(き)きましたか	聞(き)きませんでした	聞(き)きませんでしたか

5

高(たか)い	高(たか)かった	高(たか)かったです
楽(たの)しい	楽(たの)しかった	楽(たの)しかったです
好(す)きだ	好(す)きだった	好(す)きでした
上手(じょうず)だ	上手(じょうず)だった	上手(じょうず)でした
きれいだ	きれいだった	きれいでした

高(たか)くなかった	高(たか)くありませんでした
楽(たの)しくなかった	楽(たの)しくありませんでした
好(す)きではなかった	好(す)きではありませんでした
上手(じょうず)ではなかった	上手(じょうず)ではありませんでした
きれいではなかった	きれいではありませんでした

MP3 (1) １５０(ひゃくごじゅう)

(2) ２７０(にひゃくななじゅう)

(3) 難(むずか)しく

(4) 日(にち) / 映画(えいが)を見(み) / 面白(おもしろ)

(5) 110,000(じゅういちまん)

연습문제 해답

8과

1 (1) 家までお送りします。
(2) 詳しいことは後でお話します。
(3) 私の友達をご紹介します。

2 (1) お席にご案内いたします。
(2) お待たせいたしました。
(3) その件はまたご相談いたします。

3 (1) 何時にご出発になりますか。
(2) この本をお読みになりますか。
(3) 休みの日にどこにお出かけになりますか。

4 (1) 日本語が上手になります。
(2) 弟はもうすぐ大学生になります。
(3) 来週から暇です。

5 (1) 留学生の金ですけど、山田先生はいらっしゃいますか。
(2) この電子辞書は高いけど、便利です。
(3) カラオケは好きだけど、上手ではありません。

MP3 (1) a
(2) b
(3) a
(4) b
(5) b

9과

1 (1) 日曜日は学校に行かないです。
(2) 食後にコーヒーを飲まないです。
(3) ダイエット中に甘い物を食べないです。

2 (1) ちょっと行ってみます。
(2) 日本のドラマを見てみます。
(3) 友達に相談してみます。

3 (1) ここにゴミを捨てないでください。
(2) よく見てください。
(3) 質問に答えてください。

4 (1) 先週から日本語学校に通っています。
(2) 友達に電話をかけています。
(3) 歌を歌っています。

5 (1) ビールを冷やしておきます。
(2) エアコンを消しておきました。
(3) 掃除をしておきます。

6

見る	見てください	見てみる
読む	読んでください	読んでみる
聞く	聞いてください	聞いてみる
書く	書いてください	書いてみる
勉強する	勉強してください	勉強してみる

見ている	見ておく
読んでいる	読んでおく
聞いている	聞いておく
書いている	書いておく
勉強している	勉強しておく

MP3 (1) b

(2) a

(3) a

(4) b

(5) a

10과

1 (1) お菓子を食べながらテレビを見ます。

(2) アルバイトをしながら学校に通います。

(3) 友達と話しながら帰ります。

2 (1) 歌を歌ったり踊ったりします。

(2) 電話したりメールしたりします。

(3) インターネットをしたりテレビを見たりします。

3 省略

4 (1) 買い物をしてから家に帰ります。

(2) よく考えてから答えてください。

(3) 食事をしてから映画を見ませんか。

5 (1) 日本へ行きたいです。

(2) おいしい物が食べたいです。

(3) 部屋で休みたいです。

MP3 (1) ショッピング / 映画 / 遊び

(2) 泣き

(3) 見る

(4) 3 / 6

(5) し

연습문제 해답

11과

1 (1) 今日は田中さんは来ないでしょう。
(2) 金さんはコーヒーが好きじゃないでしょう。
(3) 今年の冬は寒くないでしょう。

2 (1) A：このお菓子を食べてもいいですか。
B：いいえ、食べてはいけません。
(2) A：来週、休んでもいいですか。
B：いいえ、休んではいけません。
(3) A：ここに座ってもいいですか。
B：いいえ、座ってはいけません。

3 (1) 外国語の勉強って難しいですね。
(2) 由佳ちゃんって誰。
(3) 今日は遅くなるって言ってましたよ。

4 (1) アイスクリームだけ買ってきます。
(2) 友達に電話してきます。
(3) 休憩してきます。

5 (1) 宿題をやったかどうか確認します。
(2) 昨日、電話をしたかどうか聞いてみました。
(3) 大学に受かるかどうか心配です。

6 (1) 朴さんだけいません。
(2) 必要な物だけ買いました。
(3) 遅刻したのは金さんだけです。

MP3 (1) 見てもいい
(2) あります
(3) します
(4) 来るかどうかわからない
(5) 見てはいけない

12과

1 (1) A：どうして家(いえ)にいるんですか。

B：テレビを見(み)たいので。

(2) A：どうして遅刻(ちこく)したんですか。

B：寝坊(ねぼう)したので。

(3) A：どうして夜更(よふ)かししたんですか。

B：友達(ともだち)とお酒(さけ)を飲(の)んだので。

2 (1) 昨日(きのう)は天気(てんき)が悪(わる)かったので、ずっと家(いえ)にいました。

(2) 風邪(かぜ)をひいているので、のどが痛(いた)いです。

(3) 明日(あした)から三連休(さんれんきゅう)なので、友達(ともだち)と旅行(りょこう)に行(い)きます。

3 (1) 電気(でんき)をつけてほしいんですが。

(2) かわいい犬(いぬ)がほしいんですが。

(3) 新(あたら)しいパソコンがほしいんですが。

(4) もっとゆっくり話(はな)してほしいんですが。

(5) 隣(となり)の部屋(へや)からファイルを取(と)って来(き)てほしいんですが。

4 (1) 1人(ひとり)で家(いえ)に帰(かえ)れますか。

(2) もう食(た)べられません。

(3) 教室(きょうしつ)に入(はい)れません。

5 (1) 車(くるま)の運転(うんてん)をすることができますか。

(2) ギターを弾(ひ)くことができますか。

(3) 自転車(じてんしゃ)に乗(の)ることができますか。

6 (1) 海外旅行(かいがいりょこう)をしたことがありますか。

(2) 日本人(にほんじん)と話(はな)したことがありますか。

(3) インターネットショッピングをしたことがありますか。

MP3 (1) a

(2) b

(3) b

(4) a

(5) a

연습문제(MP3) 듣기 내용

1과

(1) A：このペンは崔(チェ)さんのですか。

B：はい、私(わたし)のです。

(2) A：それは山下(やました)さんのノートですか。

B：いいえ、山下(やました)さんのでは

ありません。中村(なかむら)さんのです。

(3) A：これは日本語(にほんご)の本(ほん)ですか。

B：いいえ、韓国語(かんこくご)の本(ほん)です。

(4) A：あの車(くるま)は金(キム)さんのですか。

B：いいえ、あれは李(イ)さんの車(くるま)です。

(5) A：これは日本語(にほんご)の辞書(じしょ)ですか。

B：いいえ、それは韓国語(かんこくご)の

辞書(じしょ)です。

2과

(1) A：さあ、どうぞ。

B：いただきます。

(2) A：どうぞ。

B：あ、どうも。

(3) A：すみません。

B：はい。

(4) A：あ、すみません。

B：いいえ。

(5) A：じゃあ、また。

B：さようなら。

3과

(1) A：何時(なんじ)ですか。

B：2時12分(にじじゅうにふん)です。

(2) A：何時(なんじ)に帰(かえ)りますか。

B：6時(ろくじ)に帰(かえ)ります。

(3) A：何時(なんじ)に学校(がっこう)に行(い)きますか。

B：11時(じゅういちじ)です。

(4) A：何時(なんじ)ですか。

B：5時55分(ごじごじゅうごふん)です。

4과

(1) A：崔(チェ)さんの部屋(へや)は広(ひろ)いですか。

B：いいえ、広(ひろ)くないです。

(2) A：今日(きょう)は天気(てんき)がいいですね。

B：そうですね。

(3) A：このパンはやわらかくて、

おいしいですね。

B：ええ、そうですね。

(4) A：あの映画(えいが)は面白(おもしろ)いですか。

B：いいえ、そんなに面白(おもしろ)く

ないですよ。

5과

(1) A：テストはいつからですか。

B：明日からです。

(2) A：吉田さんの部屋は狭いんですか。

B：ええ、狭いんですよ。

(3) A：今日もバイトがあるんですか。

B：いいえ、ありません。

(4) A：今日の授業は何時までですか。

B：11時までです。

(5) A：明日は何の予定があるんですか。

B：花見に行くんです。

6과

(1) A：私のかばんはどこですか。

B：あの机の下にありますよ。

(2) A：かばんの中には何がありますか。

B：ペンとノートです。

(3) A：何人家族ですか。

B：4人家族です。

(4) A：忙しいですか。

B：いいえ、忙しくないですよ。

(5) A：李さんは料理が上手ですか。

B：いいえ。李さんより私の方が上手です。

7과

(1) A：このりんごは3つでいくらですか。

B：450円です。

(2) A：このペン、いくらですか。

B：1本120円です。

A：こっちのノートはいくらですか。

B：それは150円です。

(3) A：この本、読みましたか。

B：ええ、読みましたよ。

A：どうでしたか。

B：そんなに難しくありませんでした。

(4) A：日曜日に何をしましたか。

B：映画を見に行きました。

A：どうでしたか。

B：とても面白かったです。

(5) A：そのパソコン、いつ買いましたか。

B：先週です。

A：いくらでしたか。

B：110,000円でした。

연습문제(MP3) 듣기 내용

8과

(1) A：この辺(へん)もにぎやかになりましたね。
B：そうですね。

(2) A：ご出発(しゅっぱつ)はいつですか。
B：明日(あした)です。

(3) A：李(イ)さんに会(あ)ったことがないんですけど……。
B：じゃあ、後(あと)でご紹介(しょうかい)しますね。

(4) A：その件(けん)は山田先生(やまだせんせい)がお考(かんが)えになったんですか。
B：ええ、そうです。

(5) A：朴先生(パクせんせい)は今(いま)、どちらにいらっしゃいますか。
B：教室(きょうしつ)ですよ。

9과

(1) 歌(うた)を歌(うた)っています。

(2) こっちに来(き)てください。

(3) 大(おお)きいかばんを運(はこ)んでいます。

(4) 早(はや)く起(お)きてください。

(5) ここではたばこを吸(す)わないでください。

10과

(1) A：来週(らいしゅう)は休(やす)みですね。何(なに)をしたいですか。
B：友達(ともだち)とショッピングをしたり、映画(えいが)を見(み)に行(い)ったり……。遊(あそ)びたいです。

(2) A：金(キム)さんと話(はな)したいんですけど……。
B：泣(な)きながら帰(かえ)りましたよ。

(3) A：スポーツは好(す)きですか。
B：見(み)るのは好(す)きです。

(4) A：日本(にほん)に来(き)てからどのくらいになりますか。
B：ええっと、もう3年半(さんねんはん)になります。

(5) A：朝(あさ)、コーヒーを飲(の)みますか。
B：はい。いつも、食事(しょくじ)の後(あと)に飲(の)みます。

연습문제(MP3) 듣기 내용

11과

(1) A：テレビを見(み)てもいいですか。

B：ええ、どうぞ。

(2) A：これは木村(きむら)さんの本(ほん)でしょうか。

B：ええ、そうでしょうねえ。

(3) A：1つ(ひと)だけ、聞(き)いてもいいですか。

B：ええ、何(なん)ですか。

(4) A：今日(きょう)、朴(パク)さんが来(く)るかどうか知(し)ってるんでしょう。

B：いいえ、知(し)りません。

(5) A：このノート、見(み)てもいいですか。

B：あ、それは……。

12과

(1) 女(おんな)の人(ひと)：この漢字(かんじ)、どう読(よ)むのか教(おし)えてほしいんですけど……。

男(おとこ)の人(ひと)：えーっと……すみません、私(わたし)も読(よ)めません。

(2) 男(おとこ)の人(ひと)：どうしてこんなにたくさん買(か)ったんですか。

女(おんな)の人(ひと)：安(やす)かったので……。

(3) 男(おとこ)の人(ひと)：風邪(かぜ)をひいて頭(あたま)が痛(いた)いので、今日(きょう)は行(い)くことができないんです。

女(おんな)の人(ひと)：わかりました。お大事(だいじ)に。

(4) 男(おとこ)の人(ひと)：ヨーロッパに行(い)ったことがありますか。

女(おんな)の人(ひと)：いいえ。行(い)ってみたいです。

(5) 女(おんな)の人(ひと)：あのう、1,000円(せんえん)貸(か)してほしいんですけど……。

男(おとこ)の人(ひと)：はい、どうぞ。

女(おんな)の人(ひと)：どうもありがとう。

저 자

허인순 Huh, In Soon

전북대 교수, 쓰쿠바대 박사과정 수료, 충남대 박사
응용언어학, 국어학 전공
저서로 『이미지로 읽는 일본문화』공저, 『겨울연가와 나비환타지』,
역서로 『일본문화 키워드 305』, 『미카미문법에서 테라무라문법으로』 등이 있다.

박성태 Park, Seong Tae

전북대 겸임교수, 도호쿠대 석·박사
사회언어학, 일본어교육학 전공
저서로 『이미지로 읽는 일본문화』, 『그림으로 쏙쏙 일본어 가나』공저
역서로 『일본어의 본질』, 『일본의 연중행사와 관습 120가지 이야기』 『재일 한국인 백년사』 등이 있다.

아오모리 쓰요시 Aomori, Tsuyoshi

전북대 객원교수 오카야마대 석사, 도호쿠대 석·박사 과정 수료
제2언어 습득론, 일본어교육학 전공
저서로 『이미지로 읽는 일본문화』, 『테마별로 학습하는 오모시로이 일본어회화』 공저

일본어
쉽게 말하기

초판 1쇄 발행일 2009년 9월 21일
초판 2쇄 발행일 2011년 7월 2일
초판 3쇄 발행일 2018년 2월 20일

인지는 저자와의 합의하에 생략함

지은이 허인순, 박성태, 아오모리 쓰요시
펴낸이 박영희
편집 이은혜·김미선
표지 강지영
일러스트 변아롱
펴낸곳 도서출판 어문학사
132-891 서울특별시 도봉구 쌍문동 525-13
전화: 02-998-0094 / 팩스: 02-998-2268
홈페이지: www.amhbook.com
e-mail: am@amhbook.com
등록: 2004년 7월 26일 제2009-2호

ISBN 978-89-6184-094-1 08730
정가 13,000원